「裏モノJAPA

体験ルポ傑作

本当

エロい女たち

第1章　本当にエロい女

第2章

素人女性　初めてのエロ現場

第3章 俺が出会ったエロい女

第4章 エロい女はここにいる

本当にエロい女

第1章

ヤリマン千春、あんたはすごい!

歌舞伎町の名物女

電マオナニーの後
イビキをかいて爆睡中

リポート
藤丸富士夫
フリーライター

『裏モノJAPAN』2013年6月号掲載

アジア一の歓楽街、歌舞伎町。

善人であれ、悪人であれ、普通の人であれ、そこを訪れるすべての者を受け入れるこの街は、連綿と有名人を輩出してきた。よく知らんけど。

そして平成も22年となった今、彼の地では、また新たに誕生した名物人の噂で持ちきりだ。

「行きつけのラーメン屋で男性客に『エッチしよー』とか声かけまくってるらしいすよ」（スカウト）

「食った男1千人以上なんだって」（飲食店スタッフ）

「自宅がないから、ハプニングバーに住み着いてるって話だぜ」（自由業）

その人物の名は、千春（仮名）。世にヤリマン女は数あれど、セックス好きにかけては右に出るものナッシングと評判の豪傑である。

彼女を知る者はみな口を揃えていう。千春は歌舞伎町が生んだ稀代の精液ハンターだ。あいつが通った後に、勃起したチンコは1本もない、と。

「ヤりたくなったの。入れるよ」

4月某日、夜。新宿コマ劇から歩いて数分の場所で、俺は寒風に震えながら、目の前の古い雑居ビルを見上げていた。ここの2階で営業中のマッサージ店が、話題の名物ヤリマン女、千春の職場らしい。入り口の看板には『女性客歓迎！』などと健全さをアピールする文句が並んでいるが、無届けの〝ヌき有り店〟にありがちなカムフラージュであるのは、外装の汚さからして明らか。ヤリマンにはこれ以上ないほど相応しい店じゃないか。

大きく深呼吸をしてビル内へ。受付で、いかにも寝起きですといわんばかりの寝癖オバハンに用件を告げる。

「あの、千春ちゃんでお願いしたいんですけど」

「お客さん、前にウチの店に来たことある？」

「いや。ここで何度か遊んだことのある知り合いから、千春ちゃんがイイって勧められたんです」

「あっそう」

安心したようにオバハンが、ヌき有りコースのメニュー表を出した。一番安い「ヘルスコース40分（1万円）」をチョイスし、待つことしばし。オバハンに呼ばれ、待合室を出ると、ナース姿の小柄な女が立っていた。歳は30前後ってとこだ。

「こんにちは。指名ありがとう」

「千春ちゃん？」

「うん、そうだよ」

…なんだか、イメージと全然違うんですけど。

顔の造作は下の上、といったところだが、受け答えはハキハキしてるし、ヤリマン女にありがちな精神の危うさのようなものも感じられない。実にフツーだ。

もしや噂はガセ？　一瞬、疑ったものの、シャワーを浴びてプレイが始まると、彼女はすぐさまヤリマンの片鱗をみせた。ジュボジュボと音の出る豪快なフェラを披露してから、トロンとした表情で言うのだ。

「ねえ、入れてイイ？」

「へ？」

「ヤりたくなったの。入れるよ」

「でも、これヘルスコースだよ」

「黙ってればいいじゃん」

俺に惚れたというなら話は別だが、追加料金を要求してこない以上、彼女が本番するメリットは何もない。つまり、単にヤりたいだけってことになる。

でも丁重に辞退しよう。いくらゴムをつけたところで、やはり病気の恐怖は消えない。君子、ヤリマンのマンコに近づかずだ。

ムリを言って手コキで抜いてもらった後、なにげに聞いてみる。

「テクニシャンだねえ。プライベートでも結構遊んでるの？」

「うん、毎日、新宿のハプバーでやりまくってるよ」

さらりと大胆なことを言う。さすがだね。仕事でセックス、ハプバーでもセックス。きっとスゴイことになってんだろうな。できれば現場に居合わせたいものだが。ダメ元で頼んでみるか。

「俺さ、ハプバーとか行ったことないんだよね。良かったら今度、連れてってくんない？」

「明日も昼から行くし、いいよ。連絡先、交換しようか」

いいのかよ、初対面の人間にあっさり番号を教えちゃって。警戒心なさ過ぎ！

ずっとセックスできるし、楽しかったよ

翌日、正午。待ち合わせの歌舞伎町ドンキ前にノースリーブ姿の千春がやってきた。背中のパックリ開いた部分からブラジャーが丸見えになってる。見せブラじゃなく、マジなやつが。

「…あの、ブラ見えてるよ」

「あ、タンクトップ着るの忘れてた。まいっか」

週末の街は人波で溢れており、千春の背中に気づいた連中は、みな一様に眉をひそめる。が、彼女は特に気にする様子もなく、すたすたと歩きはじめた。100円ショップに行きたいの

だという。

「2日前にやっとお金貯まってアパートを借りたの。いろいろ買いそろえなきゃ」

ウワサどおり、以前まで彼女はハプバーを住居代わりに使っていたらしい。マッサージ店の勤務が終わる明け方6時から正午まではマンガ喫茶で時間を潰し、それから仕事の始まる午後8時までずっとハプバーに入り浸る生活を2カ月近く。しかしまた、なんで。

「スカウトの彼氏と別れて部屋を追い出されたの。お金もないし、実家にも帰りたくないから仕方ないじゃん」

「じゃあ、アパート決まるまで大変だったでしょ」

「全然。ずっとセックスできるし、楽しかったよ」

はあ、そうですか。

丸見えのブラに100円ショップの客もア然としてました

１００円ショップを出てから、昼飯を食おうとトンカツ屋へ入った。はじめは旨そうに肉をパクつく彼女だったが、次第にハシの動きが遅くなり、眠気を訴えだした。

今朝、店が終わってから俺と会うまでの数時間、一睡もせず、現在の彼氏とラブホでセックスしていたんだとか。

「彼氏、いるんだ」

「うん、新宿でキャッチの仕事してる」

「彼氏はハプバーに行ってること知ってるの？」

「知ってるよ。なんで？」

「え、なんでって…」

どうやら彼女に世間一般の常識を求めちゃイカンようだ。

ハプバー前に腹ごしらえ。すでに彼氏とヤりまくってきたそうな

いつのまにか右手に電マが

昼2時。あくびを連発する千春に手を引っ張られ、目的のハプバーに到着した。受付を済ませて薄暗い室内に入ると、バーカウンターに常連らしき30代男性が女性スタッフ相手に酒を飲んでいる。奥のリビングに人影はないので、今のところ客は彼だけのようだ。

その男性の背中に、千春が甘えるように抱きつく。

「○○くん、久しぶり〜。来てたんだあ」

「おう、俺もさっき来たところ。お連れさん？」

言いながら、男性がこちらに会釈した。あ、どーもです。

「なんかね、ハプバーに興味があるんだって」

「じゃ、さっそく仲良くやんなきゃ。プレイルーム空いてるよ」

「うん、ありがと」

落ち着く間もなくプレイルームへ。そこら中に服を脱ぎ散らかしながら、千春が笑う。

「先にひとりでやっていい？　これ大好きなんだよね」

いつのまにか、彼女の右手には電マが握られていた。メインディッシュの前にまずは前菜で腹ごしらえってことらしい。実にグルメなヤリマンだ。

慣れた手つきで電マを股間に当てると顔が次第に紅潮し、あられもない声が室内に響きわたった。

「あっあっあん、気持ちいい〜」

人前でわざわざオナニーする以上、少しは他人の視線を意識してもよさそうなもの。しかし彼女にはそういった部分がまるでなく、一心不乱に快楽をむさぼっている。なんだかこちらは路傍の石ころにでもなった気分だ。

「あ〜ん、だめイクッ！」

立てつづけに3度も絶頂を迎えた彼女は、そのまま力尽きるようにベッドに倒れこんだ。そして聞こえてくる、オッサンのような下品なイビキ。下っ腹の出たダラしない体を何度ゆすったところで、起きようとしない。なんて自分勝手な女！

デパ地下フロアの半分の男を食った

「ごめーん。ガン寝してた〜」

2時間後、プレイルームから寝ぼけまなこの千春が戻ってきた。素っ裸のままで。

彼女の睡眠中に、店内の客は一気に増えている。単独男3人、女2人、カップルは1組。みな着衣のままソファやカウンターで談笑する中を、ひとり全裸の千春が歩き回る光景は実にシュールだ。

いったい、いつから彼女は奔放な性生活を送るようになったのか。話題がそのあたりに及ぶと、彼女は一つ一つ思い出すような口調で語りだした。

初体験は大学1年のときであまり気持ちよくなかったこと、通販でダイエット器具を買い漁ってたら借金が膨れあがって、やむなく風俗店で働きだしたこと、そこから急に性感が高まってセックスが大好きになったこと。

「風俗はあたしの天職なのかも」

「なるほど、それでいろんな男とヤりまくるようになったんだ」

軽く相づちをいれたところ、彼女はブルブルと首を振った。風俗はあくまでも仕事、当時は彼氏以外の男とセックスするなんて考えられなかったと力説する。

まさか歌舞伎町にその名を轟かす千春から、そんな乙女チックな台詞を聞くとは。しかも、後に風俗の客として知り合った男と交際を始めると、その男のために業界からあっさりと足

バーカウンターで、過去のとんでもない逸話が次々と

を洗ったとまでいうのだ。

わからん。そんな女が何故ヤリマンに？

首を傾げる俺に彼女が言う。

「一度だけ浮気しちゃったんだよね～。そしたら病みつきになっちゃって」

風俗店を辞めたあと、千春は花屋でバイトを始めた。ある日、そこで知り合った同僚男性と飲みにいった帰り、無理やりホテルに連れ込まれたらしい。

「泣いて抵抗したんだけどダメで。仕方ないから早く終わるように感じてる演技してたの」

「ふんふん、それで？」

「そしたら本当に感じてきちゃって失神したの。で結局、朝までずーっとやっちゃった」

その一件であることに気づいたと、彼女が呟く。

「あたし、男と同じなんだよね」

「というと？」

「ずーっと同じ相手とセックスするより、初めての人とヤる方が何倍も興奮するの。多分、風俗にハマったのもそれが理由かも」

そんなことがあってから、彼氏の有無にかかわらず、いろんな男と寝るようになった。

なんだか、わかるようなわからんような話だが、とにかく彼女は花屋のバイト先で、他の同僚や店長を食いまくり、ついにはその範囲を出入り業者や客にまで広げた。

また、その他のバイト先でも同じように同僚に手を出し、某デパ地下で働いていたときは特にすごかったんだとか。

「デパ地下ってお店がたくさんあるじゃん。そこで働く男を次から次へと食っちゃったの。多分、そのフロアの半分くらいはいってるんじゃないかな。スゴイ噂になったくらいだし」

「はあ？」

信じられない。いくら今より若かったとはいえ、そのレベルの容姿でやすやすと男が落ちるものなのか？　吹いてんじゃやねえの？

あんなことできるのは千春ちゃんだけ

「どうも。もうここの雰囲気には慣れました？」

カウンターで千春の話に耳を傾けていると、下半身にバスタオルを巻いた単独男が2人、こちらにやって来た。

「男3人で千春ちゃんをいたぶりましょうよ」

なるほどそれが目的ですか。好きねーアンタたちも。

「ぼく、酒のむと勃たないんですよ。どーぞ、みんなで楽しんでください」

「じゃ彼女、借りますね」

男たちに促され、千春が待ってましたとばかりに立ち上がる。ずっと会話ばかりで退屈していたのだろう。

リビングルームではすでに数人の男女が乱交を始めていた。そこへ千春たち3人が合流した途端、ひときわ賑やかになった。

後ろからバックで突かれ、目の前の男にフェラをし、さらに右手で別のチンコを握る彼女。その、あえぎ声のでかさといったらもう。

「あは～きもひいい！　きもひいいよお～！」

彼女の痴態に釣られるかのように、男たちのテンションもうなぎ登りだ。

「おら、チンポくわえさせてやってんだから、もっとしゃぶれよ」

「うん、こう？　こう？」

「そうだよ、ほらオイシイだろチンポ」

「うん、チンポおいひいい、チンポおいひいい」

あの、よだれを垂らしながら腰をくねらせる様はどうだろう。ドスケベにもほどがある。

ひととおりプレイが終わり、他の連中がバスローブに着替えても、千春だけは、電マを握りしめてまだ喘いでいる。

「あーん、あ、イクイク」

いくらハプバーが変態度の高い場所とはいえ、フツーの女性客はこんなことなどしない。彼女たちが乱交に加わったり公開ペッティングに従うのは、場がそういう雰囲気になったときだけで、それが終われば、また普通のバーで会話をするような、イチ社会人の態度に戻るものだ。

だから、常時スイッチオン状態の千春は、こんな場にいてさえ浮いて見えるのだろう。

女性スタッフが、ソファでオナニー中の千春に苦笑する。

「あんなことができるのは千春ちゃんだけよね」

同感です。

ホームレスでもホテルに連れ込む

午後6時半。千春がそろそろ店を出ると言いだした。出勤する前に一度アパートに帰りたいのだと言う。じゃあ、俺もおいとましようかな。

春先とはいえ、まだ日は短い。すっかり暗くなった街を2人でぷらぷら歩いていると、突然、千春が口を開いた。

「あたしさ、右側の奥歯がないんだよね」

去年、スノボーで転倒した際、打ちどころが悪く、奥歯を2本折ったらしい。続けて彼女の口から出たことばに俺は面食らった。

「それからますます性欲が強くなちゃってもう大変なんだから」

「はあ？　ウソでしょ？」

「いやいや、マジだって」

かみ合わせが悪くなると、体の平衡感覚が狂ったり、頭痛になったりで強いストレスが生じる。で、私の場合はそのハケ口がセックスに向かうんだと、彼女は熱く語る。

「ホントだよ。理性がブッ飛んじゃうときだってあるんだから」

医学的なことはよくわからんが、なんとなくその説明に納得してしまった。冒頭で紹介した噂しかり。ハプバーでの行状しかり。それら並のヤリマンとは大きくかけ離れたもろもろが精神的な原因によるものなら、すんなりと理解できるからだ。

一度「ブッ飛び状態」になると、セックスをしないことには収まらないらしく、見境なく男にすり寄っていくんだと彼女は話す。それでも相手が捕まらないときは、ホームレスでもオカマでもホテルに連れ込むんだそうな。おえ〜。

あからさまに顔をしかめる俺に、千春が慌てたように言う。

「別にホームレスが好きなワケじゃないから。ヤったのも1回だけだし、あたしだってフツーの男の人がいいんだから」

当たり前だ。

「で、いまもブッ飛び状態になるの？」

「なるよ。なるけど、今はハプバがあるから平気」

ビチョビチョの手で顔をぶって、お願い

「じゃ、俺はこっちだから。今日はありがとう」

コマ劇前。礼を言って駅へ向かおうとする俺の袖を千春がハシっと掴んだ。おやおや、なんでしょう？

「ヤりたい」

「へ？」

「エッチしたい〜！」

人目もはばからずトレンディドラマのような台詞を叫ぶ千春。しかし、彼女の「エッチ」が現す意味は、断じて鈴木保奈美がするような清らかなものでないことは、先刻承知の俺である。あんなド変態とセックスなんてヤだ。病気も怖いし。

「いや、俺もう帰らないと」

「ええ、いいじゃん。20分でいいから」

なんて女だ。あんだけヤっといて、まだ足りないのかよ。

「お願い。ハプバーにも連れていってあげたじゃん」

ヤりたい、いや帰ると、いつもの俺とは逆の立ち場で押し問答をくり返した末、ようやく両者ギリギリの妥協案に落ち着いた。

「わかった。じゃあ手マンでイカせるってことで」

「ふふ、オッケー」

手近のレンタルームへ。なんとなく流れで手コキしてもらってすっきりした俺は、二本の指を千春の股間に挿入した。膣内はすでにビショ濡れ。グニグニと中をかき回すと、くーんと犬の鳴き声にも似た吐息がもれた。

「あああ、気持ちいいよぉぉ、気持ちぃぃ。潮吹いちゃいそう」

次第に腕の動きを速めていく。その動きに合わせ、千春の太ももがプルプルと震えだした。

「ねえ、そのビチョビチョの手で顔をぶって」

「え？　なんで？」

「いいからぶって、お願い」

ワケのわからぬまま、言われたとおり、彼女の顔を平手打ちにした。むろん、力は加減している。

「ああ、もっと強く」

じゃ、ピシッ。

「もっともっと」

はいよ、ピシピシッ。

「ん〜〜〜イック！」

もう、ため息も出ません。どうか幸せになってください。

手マンに満足したのか、上機嫌で仕事場へ。ご立派です！

ヤリマン大和撫子《ヤマトナデシコ》50カ国の男を喰らう

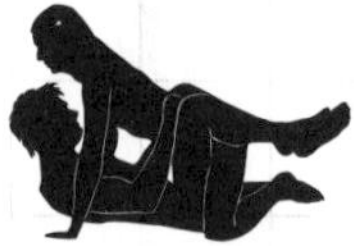

リポート
藤崎あかね（仮名）
30才 都内在住のOL

『裏モノJAPAN』2011年1月号掲載

　これから始まるレポートは、私という女の、極めて個人的かつアケスケな性の記録だ。この先、セックス以外のテーマは出てこない。あんな男とやった、こんな男とやったという話ばかりだ。

　だから当然、スタートは私の初体験からが妥当だろう。

私がはじめて男を知ったのは小学5年、11才のときだ。相手は、横田米軍基地内の中学に通う13才の黒人少年である。たまたま基地へ遊びに行ったときに知り合った子だ。

私が英語を話せないため、2人の会話はもっぱらボディランゲージだったが、それでも妙に気が合った。彼の自室でパンツを脱がされたときの恥ずかしさは、いまでもはっきりと覚えている。

小5でセックス。それも黒人と。相手もマセガキならそれをよろこんで受け入れる私も相当なタマだ。すでにこのころからヤリマンの片鱗は現われていたのかもしれない。

セックスの味を覚えた私にとって、基地の連中は格好の相手だった。以前は英語のエの字も知らなかった私もだんだん日常会話を覚え、パイロット、エンジニア、ハイスクール学生など、目についたガイジンを手当たり次第に誘惑する。中学、高校時代を通じ、私が食った基地関係者は20人を越えた。

日本人にももちろん手を出してはいた。女子高生のころ、合コンなどに顔を出し、その場のノリで大学生とラブホへ入ったことは一度や二度じゃない。

だけど、何か違うのだ。「セックス＝ありのままの自分をさらけ出す」と考える私にとって、彼らの律儀で保守的なセックスはモノ足りないというか。そもそも日本人と米兵とでは、なぜか私のモテ度に大きな温度差がある。向こうから積極的に言い寄ってこないのだから、こちらとしても燃えてこない。

そんなこともあって、高校を卒業した私の目は、当然のように海外に向けられた。いろんなガイジンの、いろんなチンコを食いまくれたらどんなに素敵だろう！

【アジア編】修行僧の少年にフェラ inラオス

大学1年のとき、バイトで貯めたお金で、東南アジア周遊旅行を計画した。タイを拠点に周辺諸国を見て回ろうというのだ。

予定どおり1週間ほどバンコクで過ごしたあと、空路でラオスへ向かった。クーラーの効いた空港を出ると亜熱帯特有のムッとした熱気が肺に流れ込む。暑いなぁ。

その日、私はガイドブック片手に古都ルアンパバーンで寺院巡りをしていた。壮麗な建築物や仏像を眺めると心が洗われる。私にも殊勝な部分はあるのだ。

とある寺院を見学中、住み込みの見習い僧のグループに話しかけられ、誘われるまま彼らの宿舎にお邪魔した。狭い室内の壁にはお札が貼られ、それに混じって人気アイドルの写真もペタペタ。お坊さんといってもやっぱり男のコだ。

トイレから戻ると、宿舎からみんなの姿が消えていた。ただ1人、パイリィ（19）だけがベッドに腰掛けている。あれ、みんなは？

「修行の時間になったのでお堂に行きました」

「じゃ、そろそろ私も帰るよ」

不意に室内がおかしな空気になった。突然、彼が泣き出したのだ。ど、どうした？

「お願いします、少しだけ。少しだけ」

ハラハラと涙を流しながら私の手を握るパイリィ。すぐに理解できなかったけど、抜いてほしいってことかな。「少しだけ」ってのは本番じゃなくフェラのこと？

まさか聖職者にフェラを懇願されるとは。しかも寺院の敷地で。でも、心が動いた。いいよ、わかった。抜いたげる。

オレンジ色の袈裟をめくり、ガマン汁のシミができたパンツを優しく脱がせる。カリ首の周りをチロチロと舌でなぞると、彼の身体がビクっと震えた。きっと、女のコにこんなことをされるのは初めてなんだろう。

そのままチンコを奥までくわえ込んで激しく上下すると、まもなく彼は「ウォッ」とのけぞって果てた。

遠くかすかに聞こえる読経の声が、宿舎の静寂を強調する。私は舌で転がしていた精子をゴクンと飲み干した。うーん、背徳的！

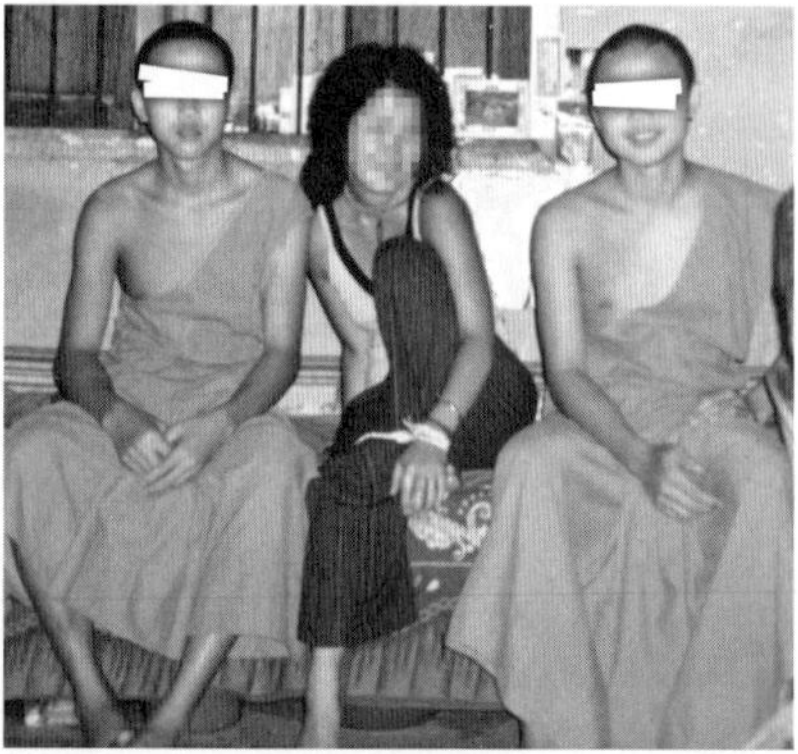
まだあどけなさを残す、修行僧パイリィ（左）。この直後、涙目でフェラを懇願される

【アジア編】牛十頭で求婚 -inミャンマー

ラオスで禁断のフェラを堪能した後、次に向かったのがミャンマーだ。理由はラオスと隣

接していて近かったからという他は特にない。

滞在3日目、大都市ヤンゴンを離れて北部の郊外へと足を運ぶ。のどかな田園風景を楽しむつもりだったのだが、これが大失敗。あまりに田舎すぎて見るべきところも遊ぶところもあったもんじゃない。

宿にいても面白くないので、近所の川原で時間を潰すハメになった。川に小さな渡し舟がぷかぷかと浮かぶ光景は、何だか心がほっこりとさせられる。

そのとき視界に、舟を漕ぐ船頭の姿が飛び込んだ。しなやかな身体。素朴だけど男らしい顔つき。いい男じゃゃん！

こんなときの私の決断は早い。思い切って彼に話しかけ、その後もぐいぐいアピールし続けること3日、ついに彼、ルンパ（18）の自宅へ招かれることになったのだ。

夜、約束の時間に家を訪ねると、彼は笑顔で迎え入れてくれた。何故か全裸で。

「いつも家では裸なんだ」

彼は少数民族（名称は忘れた）の出身で、家の中では全裸になる風習があるんだとか。なんじゃそりゃ。

けど困ったことになった。彼のオチンチンをちらちら見ているうちに、むらむらとしてきたのだ。気がつくと、彼の股間に手を伸ばしていた。さわさわ、さわさわ。優しくなでられたオチンチンはまたたく間に固くなっていく。ルンパは「おー」とか言って、両手で顔を覆った。

そのままセックスへ。板の間に寝転がった私の上に彼のたくましい身体が覆いかぶさる。

行きずりのセックスって燃えるぅ！

ところが、ルンパの方はそうは思っていなかったらしい。コトが終わって至福の時を過ごす私にあらたまった様子で言うのだ。

「結婚しよう」

「…え？」

「牛10頭あげるから、ボクと結婚しよう」

聞こえなかったことにして、タヌキ寝入りする私に、彼は牛10頭がいかにスゴイことかを滔々と説明し続けた。

【アジア編】早漏の童貞ギャング inマレーシア

マレーシアの首都クアラルンプールには20才のとき訪れた。相変わらずの一人旅である。

その夜、ひとりわびしく屋台のお粥をすすっていたとき、チャンスが来た。目の前の空席に若い男が腰をおろしたのだ。男の腕にはタトゥーが彫られている。まさか怖い人だったりして。

人恋しさに負けて、恐る恐る尋ねてみる。

「すごいタトゥーだね。ギャングとかやってんの？」

「え、何でわかったの？」

彼はハッサン（23）と名乗った。しばらく武勇伝に耳を傾けているうちに、なんとなくそんな雰囲気になり、私たちは中華街にあるホテルへ向かうことに。ところがその道中、

「俺、セックスしたことないよ」

保守的な風土や宗教の影響か、アジアの若者は総じて童貞率が高い。だけど、まさか童貞のギャングだなんて。

そんなワケで、ホテルに入ってからが苦労の連続だった。ナーバスになるハッサンをおだてたり、励ましたり。ようやくその気にさせて裸になっても、今度は緊張のためアソコが使い物にならない。

結局、2時間かけて挿入まで辿り着いたセックスは、わずか数回のピストンで終了したのだった。彼に隠れてこっそりオナニーしたのは言うまでもない。

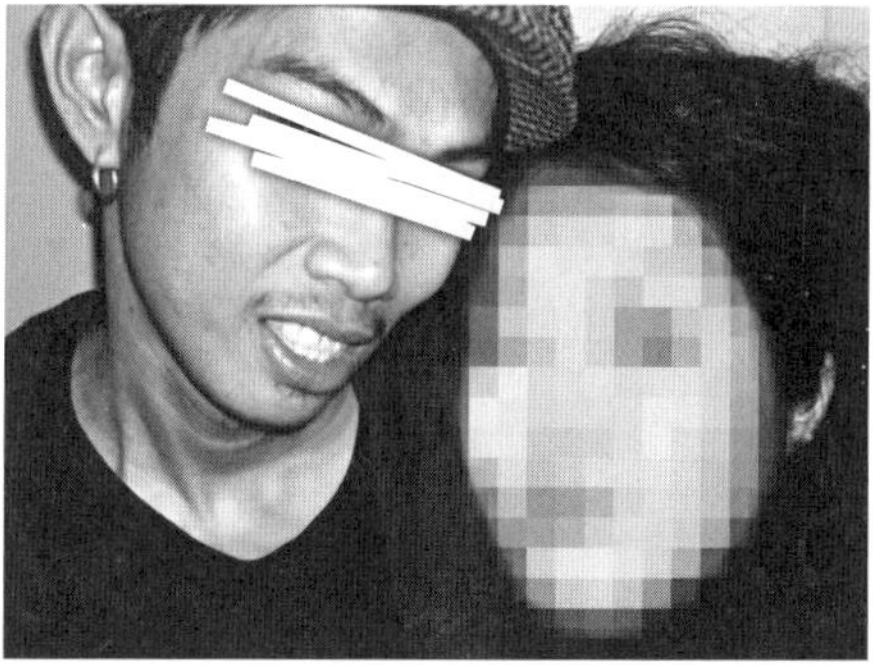
ワルぶっていても童貞なんて可愛らしい

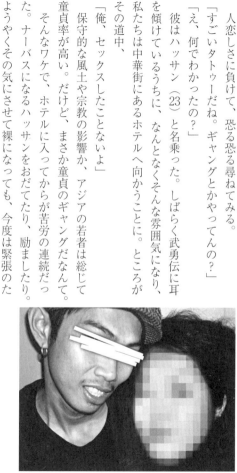

【アジア編】朝までレズクンニ inタイ

タイは私が大好きな国のひとつで、かれこれ10回以上訪れている。可愛らしいバンコクの女子大生ノイ（22）とは、3度目の訪問で知り合った。

そのときはタイ北部のチェンマイを観光している最中で、以後、同じく女1人で旅行している彼女と行動を共にすることに。

2日目の夜、私たちは彼女の部屋で、タイでも大人気の日本酒を飲んでいた。何気なく彼女を見ると、顔がほんのり上気している。あれ、もう酔っちゃったのかな？

ぼんやりと考えていたところへ、いきなり彼女がキスをしてきた。続いて右手がスカートの中へ。これにはさすがの私も面食らった。レズプレイなど経験もなければ、興味を持ったこともないのだ。

でもナゼだろう。不快な気持ちは少しもない。私はノイのしたいがまま任せることにした。たまにはこういうのも新鮮でいい

大人しそうな顔をして鬼のようなクンニを披露するノイ

かも。

普段の控えめな性格に似合わず、ノイは相当なテクニシャンだった。まずは指でパンティの上から割れ目を撫で、ジュースが出はじめたのを見計らってクリトリスを優しく刺激する。と同時に、アソコ周辺のお肉を甘噛みしてくるあたりはさすがだ。ツボを心得ている。

「こんなの初めて。ヤバい…」

パンティがずらされ、ノイのなま温かい舌先と指がアソコを一気に攻めたてる。

「気持ちいい？」

「うん、すごくいい」

ノイは朝方までひたすらクンニし続け、その間、私はずっとイきまくったのだった。

【アフリカ編】左曲がりの黒人漁師 inケニア

東アフリカを周遊しようと思い立ったのは、大学3年のときだ。

初っ端は、東アフリカ諸国の中心的存在でもあるケニアだ。しかし、近代的なビルの建ち並ぶ首都ナイロビはどこか退屈で、すぐにソマリアとの国境に近いラム島へ向かった。真っ青な海をバックにイスラム風の白い家々が建ち並ぶ様は、別世界としか思えない。

ゆったりとした時間の中で、島の生活を思いっきり漫喫していたある日の午後、小さな港で音楽を聴きながら読書をしていると、沖の方から漁船が戻ってきた。ガイジンが珍しいのか、船を下りた漁師たちが次々と私をナンパしてくる。女に生まれてよかったと思える瞬間だ。

屈強な男たちの中から私が選んだのは「ロバに乗ってデートしようよ」と無邪気に誘ってくれたカシム（24）だ。

彼とのセックスは、おそらく生涯でベスト5に入るほどすばらしかった。理由は、勃起時に左へクニッと曲がる亀頭にある。挿入された途端、頭の中が真っ白になるのだ。

特にバックでの挿入がタマらなくいい。背後からガンガン突かれると、お漏らししたように愛液がほとばしる。あまりに良すぎて、体位を変えようとするカシムに思わず「ダメ待って、もう少しこのまま…ネ？　シてぇ」と懇願してしまったほどだ。

ドラッグのようなオチンチンにすっかり夢中になった私は、しばらく彼の実家に住み込むことになった。

カシムの左曲がりは思い出すだけで濡れてくる

【アフリカ編】エイズ陰性の祝福に inタンザニア

後ろ髪を引かれる思いでカシムと別れ、タンザニアに入った。ダルエスサラームは近代化が進み、小ぎれいな身なりの人々が路上をにこやかに歩いている。東京とたいして変わらないほどだ。

本日の宿を探しがてら散策していた街中で、たびたび「HIV」の文字が目についた。エイズの無料検査場らしい。

前々から少し不安のあった私は（当然だ！）、意を決してチェックを受けることに。

採血を終えて待合い室に戻ると、1人の黒人と目があった。妙にソワソワしているのは、多分、私と同じことを考えていたからだろう。どうしよう、感染してたら…。

待つこと10分、結果は吉と出た。陰性である。よろこびを爆発させて外に出ると、待っていたのは先ほど見かけたソワソワ男のシンバ（29）だった。

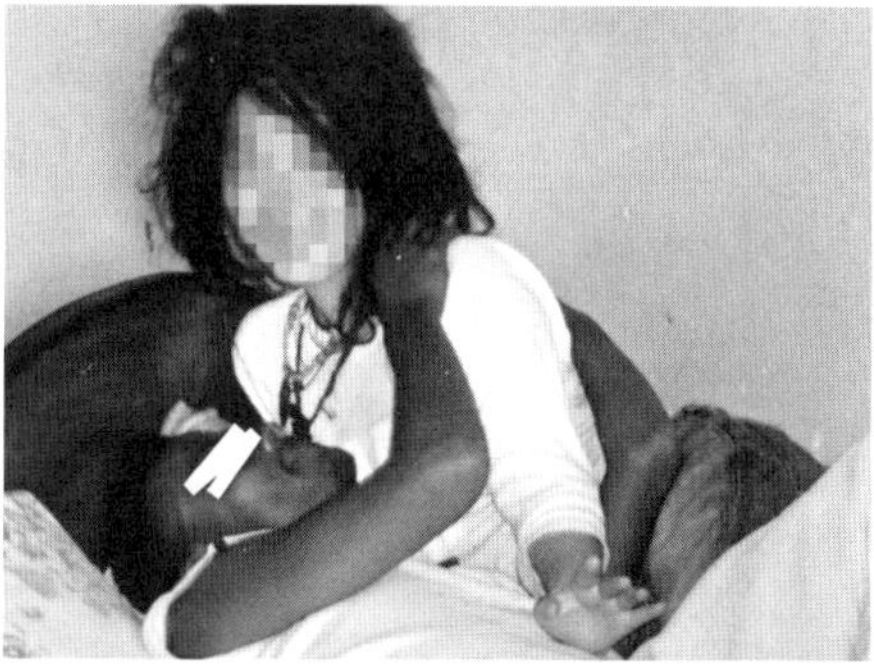

この後、見たこともない巨根で串刺しにされるとは

「おめでとう！　俺もネガティブ（陰性）だった！」

思わずその場で抱き合った私たちはバーで祝杯を上げ、その勢いのまま彼の自宅へ。さあて、思いっきり楽しんじゃうわよ！

彼のパンツから現れたのは、巨大な、あまりにも巨大なオチンチンだった。長さ30センチのコーラ缶（３５０ｍｌ）ほどの。30年の人生で、オチンチンを見た瞬間「ムリ！」と思った経験はこの一度きりだ。

とりあえず唾をオチンチンに塗りたくって挿入を試みる。ガリッと激痛が走った。

「い、痛いよぉ～！！」

しかし、シンバは「お前のキレイなプッシーに挿れたいんだ」と涼しい顔。再び亀頭の先端をアソコにあてがい、じっくりと膣を拡張させながら挿入していく。何度かくり返し、ようやくスッポリと収まった。

【アフリカ編】とうもろこしトラックの荷台で　inウガンダ

ウガンダは、2カ月に及ぶ東アフリカ旅行の最終地だ。目指すは「黒い大陸の真珠」との呼び声の高い、マーチソンフォールズ国立公園。

ただし一つ問題があった。この国立公園、電車やバスが通っておらず、移動手段がヒッチハイクしかないのだ。

道路に立って親指を突き出すこと30分、1台の貨物トラックが止まった。運転手に行き先を告げると、彼が「乗れ」と荷台を指差す。ラッキー。

こうして私は丸1日、硬いトウモロコシの上で過ごすはめになる。トラックの荷台には、他にも15人ほどヒッチハイカーがいて狭苦しいことこの上ない。はやく到着することを願うばかりだ。

真夜中、トラックがトイレ休憩のため路肩に停車した。尿意をこらえていた私は荷台から飛び降りて茂みへ駆け込んだ。旅慣れした女に〝野ション〟などワケない。

「きれいな星空だね」

すっきりしてトラックへ戻る途中、ヒッチハイカーの1人、ウガンダ人のリチャード(30)に声をかけられた。彼は私よりずっと後にトラックに乗り込んできたのだが、話してみると彼も同じ目的地だという。

トラックが走り出してからも、リチャードとの談笑は続いた。それがいつの間にかロマンチックな気分になってキスすることになったのは、多分、満点の星空のせいだろう。

幸いなことに、あれだけ大勢いた荷台の同乗者も5人ほどに減っており、みんなスヤスヤと眠っている。念のため、トウモロコシの袋を積み上げて死角を作ってから、私はリチャードを受け入れた。

トラックの揺れが妙な具合にマッチし、彼がグラインドするたびに電気のような快感が走る。

「…あんっ…あんっ…あんっ」

このときほど未舗装のデコボコ道をありがたく思ったことはない。

【アフリカ編】ヤギさんプレイでアナルを inエチオピア

前述したケニアのカシムに再会するというただそれだけの目的でアフリカを再訪したとき、ついでに足を伸ばしたのがエチオピアだった。

向かった先は北部のアクスム。遺跡も点在するこの街には、どこか神聖な空気が漂い、見慣れたアフリカの風景とはまるで違っていた。なんて素敵な場所だろう。よし、しばらく住むことにしよう。

瞬時に浮かんだのは、ここへ来るバスの中で知り合ったサミュエル（28）の顔だ。彼の家に転がり込んで宿賃を浮かそうっと。

こうして始まった同棲生活はなかなか楽しかった。もちろんセックスの相性もいい。タダで住まわせてもらうのは悪いと、私は毎日ヤギの世話を手伝った。

いつもように小屋でヤギたちの世話をしていたある日、職場からサミュエルが早めに帰宅してきた。が、ナゼかイライラした様子で「おかえり〜」と声をかけても返事もしない。とりあえずお茶でも入れようと小屋から出たそのとき、いきなり彼に突き飛ばされた。きゃ、ナニ!?

土壁に両手をつく形で踏みとどまった私は、そのままの格好でパンティを脱がされた。どうやら〝そういうプレイ〟がしたいらしい。

「今日は生理なの。お願い、止めて!」

悲鳴のような声にさらに興奮した様子のサミュエル。フーフーと荒い息を吐きながらオチンチンをブスリと突き刺してきた場所は、アナルだった。

後ろの穴はすでに米軍基地時代に経験済みだったので、痛みや恐怖はさほどない。むしろ、ヤギに囲まれて自分が獣のように犯されることに新鮮なよろこびを覚えた。

ヤギ小屋の近くでサミュエルとラブラブ。普段は優しい人なんだけど…

【ヨーロッパ編】乱交で10人以上のヨーロピアンを inドイツ

都内の企業に就職が決まった翌年、23才の夏、単身ドイツへ乗り込んだ。さすが伝統と文化の息づく国というべきか、石造りの街並みには感心しきりだったが、どうもこの国の男たちはノリが悪い。こんなんでチンコ食えるのか？

バーで知り合ったオヤジ、グスタフ（38）に「面白いところがあるから行かない？」と誘われたのは、ハンブルグにやってきて3日目のことだ。

詳細は行ってからのお楽しみということだったが、彼の表情から察するにどうもエッチな場所っぽい。だったら断る理由はないよね。

案内されたのは、何の変哲もない1軒の住宅だった。しかし、玄関で入場料を支払い中へ進むと驚愕の光景が。ソファ、階段の踊り場、客室など至るところで、裸の男女が結合しているではないか。何なの、ここ。

「セックス屋敷だよ」

セックス屋敷、また行きたいなぁ

興奮する私の手を引っ張り、グスタフが空いてるソファに腰を下ろす。周囲の異様な雰囲気に乗せられ、私たちは互いの身体をむさぼり合った。

アソコはもうグショグショ。四つんばいで必死に彼のモノを口に含んでいると、いつの間にか見知らぬ金髪青年が現れ、クリトリスやアナルに舌を這わせてくる。思わず日本語で絶叫した。

「す、すごいよ、これ、あ、あ、あん、イク、イッチャウゥゥ！」

吹き出した潮もそのままに、ソファでぐったりする私。そこへ、また別の金髪クンが。

「次は俺とどう？」

すっかりクセになり、翌日も私はグスタフを連れてセックス屋敷を訪れた。相手したのはたった2日間で計10人以上。いや〜、食った食った。大満足！

【ヨーロッパ編】フレンチ式ニョタイモリ inフランス

憧れのフランスへ訪れたのは26才のときだ。

その日、私はパリ郊外の民家にぽつんと佇んでいた。数日前、その家の家主が経営するカフェでカプチーノを飲んでいたところ、なぜかひどく同情され、「一人旅は寂しいだろうに。定休日に自宅で食事会をするから来なさい」と誘われたのだ。

食事会にはカフェの店員ブリュノ（36）その他2名も同席し、私たち5人はフランスの伝統的な家庭料理に舌鼓を打った。見ず知らずの日本人をこんな盛大に歓迎してくれるなんて、本当に親切な人たちだ。

食事会の帰り道、ブリュノに自宅へ来ないかと誘われた。ワインの酔いで、ちょうどむらむらしてきた折、願ってもないチャンスだ。

彼の部屋で他愛もない会話をかわすことしばし、場の雰囲気が私の望む方向になった。彼が腰に手を回し、唇を優しく吸う。

と、次の瞬間、彼の口から妙な台詞が。

「そうだ、ニョタイモリしようよ」

ん、ニョタイモリ……女体盛!?

「うん、日本の伝統料理なんでしょ？」

どこで知ったの、そんな言葉！

服を脱いでベッドに横たわると、さっそくブリュノが様々な野菜をおっぱいの周りに飾り立て始めた。続いてオヘソ周辺にパスタを盛り、中央の穴にはオリーブをチョコ

女体盛りの後は仲良くお風呂へ

ン。さらにソースを胸からお腹にかけて点々と垂らす。フレンチレストランでよく見かけるアレを真似てるつもりらしい。

そして仕上げは、股間にワインでも注いでわかめ酒か、と思いきや、見事なキノコ（チンコ）を差し込まれた。

「おいしい？」

「いいねぇ、こんなに美味しそうな料理は見たことないよ」

【ヨーロッパ編】マリオ＆ルイージの3P inイタリア

フランスを出国後、その足でイタリアへ飛んだ。ほぼ2日刻みでフィレンツェ、ローマと南下し、最後に下町のナポリへ立ち寄る。

到着した翌日の午後、私は1階の大通りに面したホテルの部屋の窓から道行く人々を眺めていた。ある目的を持って。

（カッコいいイタリア男でも引っ掛からないかな～）

願いが通じたのか、やがて目の前に長身のハンサムが現れた。すかさず声をかける。

「ねえ、どこ行くの？」

「俺のこと？　家に帰るんだよ。それよりタバコない？」

「いいよ。名前は?」

「ルイージ」

しばらくこんなやり取りを続けていると、トントン拍子で彼(22)とバーへ行くことに。狙い通りだ。

笑ったのは、彼の双子の兄の名前を聞いたときだ。マリオ。アンタたち、まんまマリオ&ルイージじゃん。

「親がふざけてつけたんだよ」

たまたまその日が彼らの誕生日だと知った私は、兄のマリオも呼んで誕生会をしようと持ちかけた。

まもなくルイージと見分けのつかない兄がバーに到着し、私たち3人はグデングデンになるまで飲み続けた。夜中、店を出たところで「ビリヤード場へ行こう」とルイージ。とっくに閉店してる時間だが、彼らはよく裏口から勝手に忍び込んで遊んでいるらしい。

すでにやる気マンマンになっていた私は、自らビリヤード台に乗っかり、両足を開いた。

まずは正常位でルイージの相手をして、お次はマリオをバックから。しかし、すぐに復活したルイージが割り込んできたため、3Pになった。ビリヤード台の上を3人それぞれが上下左右に入り乱れる、立体的なセックスだ。

途中から相手がマリオなんだかルイージなんだかわからなくなってしまったのが少し残念だった。

【中南米編】フェスの群衆にまぎれて inジャマイカ

26才のときは、ジャマイカへ行った。ヒップホップと並んで私が大好きなレゲエの聖地である。音楽に酔いしれ、あわよくば現地のドレッド男と…。すでに飛行機の中から妄想は炸裂していた。

首都キングストンに滞在中、大規模なフェスをやるというので、露出度高めのオシャレ着でさっそく出撃した。すでに満員の会場内は熱気でムンムンだ。

レゲエと言えば男女が下半身をこすりつけ合う過激なダンスが有名で、当日もそこかしこでカップルが踊り狂っている。

しかし1人ぼっちの私の場合、ちょっと状況が違った。特定の男のコがいないとわかるや、曲が変わるたびに前後左右から見知らぬ男たちの手がいっせいに伸びてくるのだ。みんな必死すぎ!

そんな中、踊る場所を変えてもずっと私についてくるモノ好きな男がいた。何度振り払ってもいつのまにか背後にいて、耳元でささやいてくる。

「ベイビー、またボクだよ」

さすがの私もこれには根負け。彼、モリス（27）と一緒に夢中になって踊りまくった。

モリスは、後ろから羽交い絞めにする形で私を抱きかかえ、お尻にオチンチンをグイグイと当ててくる。どうも変だと気がついたのは、フェス終盤、会場の盛り上がりが最高潮に達していたときだ。

何だろう。モリスが腰を振るたびにすごい快感が走るんだけど。当然だった。いつの間にかワンピースをたくし上げられ挿入されていたのだ。周りに大勢の人がいるというのに。

【中南米編】船上に揺れるハンモック inブラジル

先の中南米縦断旅行でもっともハマったのが、コロンビアとブラジルだった。で、再チャレンジしようとコロンビアから攻め込んだものの、あえなく惨敗。これはという男とはついに出会えなかった。

気持ちを切り替え、一路ブラジルを目指す。

ブラジルへは、コロンビアから船でアマゾン川を下って入国した。しかし、目的地のマナウスへ到着するにはかなりの距離があり、船旅はあと2日も続く。

基本的に船内には客室がない。乗客は持参したハンモックを思い思いの場所にかけ、そこで過ごすというスタイルだ。

何もすることがない船上では、自然と乗客同士が仲良くなる。私も例外ではなく、四六時中、隣のハンモックのエンリケ（34）と談笑していた。

ハリケーンに巻き込まれたその夜、船内は異常なほど冷えきっていた。おまけに強烈な暴風雨で船体が揺れまくるもんだから寝ることすらままならない。

ふと、エンリケのハンモックにもぐり込みたくなった。

「ね、そっち行ってもいい？」

甘えた声を出す私を彼が笑う。

「俺が断るとでも？」

不安定なハンモックによいしょよいしょと入り込むと、彼の温かい体温が感じられた。何だかとてもホッとした気分になり、彼の方を見上げる。ゆっくりと近づいてくる唇を私は受け止めた。

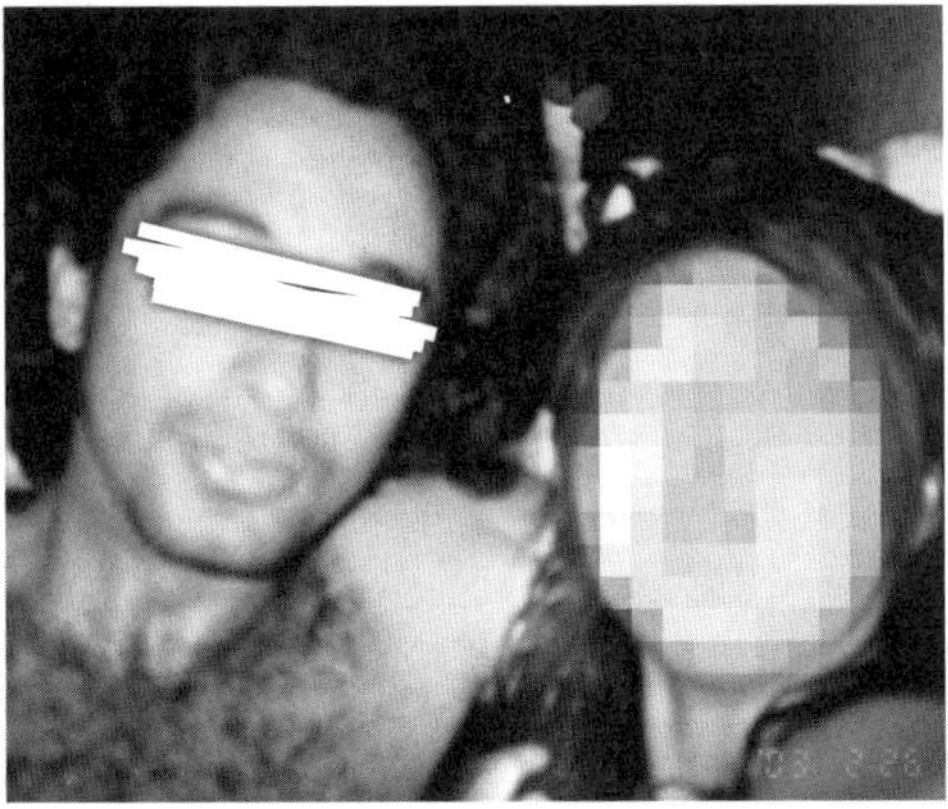

落ち着かないハンモックプレイの後はホテルでじっくり

私が喰った男たち

( )内は人数

アジア

日本（15人以上）つまらない大学生がほとんどだった
中国（1）都内在住の留学生を逆ナン
台湾（1）都内居酒屋の店員を逆ナン
タイ（3）プーケットで地元サーファーからナンパ他
ラオス（1）本文参照
マレーシア（2）本文参照。他
シンガポール（1）タイのバーで知り合った会社員を逆ナン
インドネシア（5）クタビーチのナンパ師他
フィリピン（2）地元ディスコでスタッフからナンパ他

オセアニア

オーストラリア（3）英語教師をクラブで逆ナン他
ニュージーランド（3）ドイツのセックス屋敷で知り合った大学生他

中東

ドバイ（1）スペインの宿泊先で知り合った会社員
イスラエル（1）スペインでナンパ

ヨーロッパ

チェコ（1）ドイツのセックス屋敷で。本文参照
ルーマニア（1）イタリアの宿泊先で知り合った元軍人
クロアチア（1）イタリアの宿泊先で知り合った大学生
ドイツ（2）セックス屋敷にて。本文参照
スイス（2）セックス屋敷にて。本文参照
イタリア（3）路上で職人からナンパ他
オランダ（2）イタリアの宿泊先で知り合った会社員他
デンマーク（4）ブラジルのビーチで会社員からナンパ他
フィンランド（1）イギリスのクラブで大学生を逆ナン
ノルウェー（3）スペインの宿泊先で知り合った大学生他
デンマーク（3）フランスのクラブでグラフィックデザイナーを逆ナン他
フランス（5）都内レストランのコックを逆ナン他
スペイン（4）バルセロナのカフェ店員からナンパ他
ポルトガル（1）スペインの宿泊先で知り合った大学生
カーボベルデ（1）イギリスのクラブで大学生からナンパ
イギリス（1）六本木のバーで都内在住の英語教師からナンパ

アフリカ

モロッコ（1）スペインの宿泊先で知り合った銀行員
エチオピア（4）タクシー運転手を逆ナン他
ケニア（3）ナイロビの土産物屋の店員を逆ナン他
ウガンダ（1）本文参照
タンザニア（1）本文参照
南アフリカ（1）フランスの宿泊先で知り合った白人会社員

北米

カナダ（2）フランスの宿泊先で知り合ったバンドマン他
アメリカ（20人以上）すべて米兵
メキシコ（3）ビーチで食堂の店員からナンパ他

カリブ海

ジャマイカ（1）本文参照
ドミニカ（1）地元レストランの店員からナンパ

中南米

ニカラグア（2）宿泊先で知り合ったサーファー大学生他
コスタリカ（1）路上でタクシー運転手からナンパ
コロンビア（3）ライブハウスで大学生からナンパ他
ペルー（1）宿泊先の従業員を逆ナン
ボリビア（2）パン屋の店員から逆ナン
チリ（1）スーパーの店員をバーで逆ナン
アルゼンチン（6）バーで公務員からナンパ
ウルグアイ（2）タクシー運転手からナンパ
ブラジル（5）路上でレストラン店員を逆ナン他

挿入は正常位で。しかし2人分の体重がかかったハンモックはみしみしと音を立て、いまにも破れそうだ。素っ裸のまま地面に落下するんじゃないかとヒヤヒヤものだったが、どうにか最後までやりきることができた。

嵐の過ぎ去った翌朝、エンリケのハンモックから顔を出す。すでに起きていた乗客から白い視線が飛んできた。

ん？

床には、私の小さなパンティがちょこんと丸まっていた。

★

気がつけば私も30才。この歳になると、やっぱり自分の血を分けた子供が欲しくなる。さんざん世界中の男を食いまくってきた私のこと、もうこうなったら白・黒・黄の3兄弟を産むのものも悪くないかも（夫は不要）。

というわけで、お次は、タネ探しの旅に出るとしようかな。

（構成・編集部）

最大の夢を叶えた世界最小のヤリマン

リポート
沢田洋子（仮名）
28才 東北地方在住

『裏モノJAPAN』2011年4月号掲載

写真でおわかりのように、彼女は小人症である。正式には「軟骨異栄養症」という病気を持つ5級障害者だ。

身長126センチ。

頭のてっぺんは、一般成人男性の胸にも届かない。

そして彼女は、自他共にみとめるヤリマンだ。おそらくや世界最小の。

手術を拒否して病気を受け入れた

生まれたときは、同じ年のコたちと背も体重も変わらなかったと、後に聞いたことがある。生後6カ月の検診までは、医者にも障害があることがわからなかったそうだ。

最初に背のことを意識したのは、幼稚園に入ったころだったと思う。周りでいちばん背が低かった私はある日、お母さんに尋ねた。

「ねえ、私って、どうして背が低いの？」

「…あのね、病気なの」

軽いショックを受けた。物心ついたころから病院に通い、毎日ヘンな薬（成長ホルモン）を飲まされていたのは、この病気のせいなのかしら。

「私、治るの？」

「大丈夫よ。心配しないで」

母はただ曖昧に笑っているだけだった。

小学校では、いよいよ友達との違いがハッキリしてきた。身長は伸びず、代わりにどんどん太っていったのだ。手と足は短くずんぐりむっくりでドラえもんみたいだ。

授業も給食も放課後も、生活は普通に送れたけれど、やっぱりときどきは不便を感じた。ロッカーの上にある大きな三角定規が取れなくて、いつも女友達が助けてくれたのを覚えている。

ひどいイジメは記憶にない。無神経な男のコたちが「ドチビ、ドチビ」とからかってきたぐらいで、泣かされるほどではなかった。

身長は小学校高学年で止まった。126センチ。今の私と同じ高さだ。

中学生のころ、母親がこんな提案をしてきたことがある。

「あのね、背が伸びる治療方があるみたいなんだけど」

学校の先生が私のことを気にかけてくれて、どこからか治療法を探してきてくれたらしい。完全には治らないけど、10センチも身長が伸びるそうだ。

期待しないわけがない。でも手術法を聞いてアゼンとした。両足のすねの骨を切って、10センチほど隙間を作り、1年ほど器械で固定するというのだ。

怖すぎる。しかもその1年間はベッドに寝たきりで、学校へも行けないなんて。

「やめる。1年間も学校行けないなんて、ちょっとムリ」

「そうよね。先生には私から断っておくから」

「……うん」

このとき、私は小人症という病を自らの意志で受け入れたのだった。

ドチビとエッチなんて誰もしたがらないだろう

体育祭ではいつもビリ。

子供用の自転車。

水道を使うときは踏み台に乗って。

いろんなコンプレックスはあったけど、やっぱり一番引け目を感じたのは「恋」に関してだった。好きになった男の子にも告白する気なんて起きない。こんなおチビさん、相手にしてくれるわけないのだから。

でも人並みに人目は気にした。女子高に進んでからはオシャレにも目覚めた。

それまで、私は母の買ってくる服や、手作りのものを身につけていた。サイズの合う服が売ってなかったから。

高校生になって初めてデパートでブランド物のスカートを買い（ウエストは太かったのでサイズは合った）、丈を詰めて身につけてみた。

どこかバランスが悪かった。哀しいぐらいに。

私は小人症であることを受け入れた

女子高だけに、進んだ女のコからは毎日、得意げに自慢された。

「昨日カレシんちでエッチしちゃってー」

「このまえナンパされて〜」

エッチの知識だけは増えていった。ただ自分がそういうことになる姿は想像できなかった。ドチビとエッチなんて誰もしたがらないだろうし。

そんなある日、学校帰りに1人の男子と偶然再開した。小学から中学まで一緒だった男の子だ。

「おう、久しぶりじゃん」

「そ、そうだね」

私はずっと彼のことが好きだった。中学時代、不格好なのを承知で卓球部で頑張ったのも彼がいたからこそだ。

高校生になってさらにカッコ良くなっていた彼は、さらっと携帯番号を交換してくれた。そしてそのおかげで、どんどん恋心が増していった。

思い切って電話をかけた。

「あの、好きな人とか、付き合ってるコとかいるの？」

「別にいないけど、どうして」

いないんだ。だったら、もしかしたらチャンスがあるのかも…。

「あ、あの、私のことどう思うかな」

「え？」

「もし、誰もいないなら、付き合ってくれないかなって」

夢はかなわないと思っていた

「……ごめん、友達としか見れないから」
だよね。こんな女とじゃ釣り合わないもんね。

お父さんは言った「お前がカワイイからだよ」

いろんな人と幸せな恋をして、いっぱいエッチも楽しみたい。そんなささやかな、でもいちばん大切な夢は叶わないものとあきらめていた。デブとか可愛くないとか、そんな修正できるコンプレックスじゃなくて、私の場合は病気なんだから。

その私の処女を奪ったのは、実のお父さんだった。

高校2年の夏の夜、腰が凝っているのでマッサージしてくれと父親が私を自室に呼んだ。

昔からよくあったことなので、なんとも思わなかったし、居間にいる母親もた

こんな体が好きな人もいっぱいいるんだ

だぼんやりテレビを見ているだけ。しょうがないなと私は一人で階段を上がった。

ところが腰を揉み始めたとたん、父親は急に私の胸に手を伸ばしてきた。

「冗談やめてよ！」

「ははは。いいじゃないか。これくらい」

「やめてって」

「いいだろ、な」

「……」

ズボンのジッパーを下ろし、硬直した性器を取り出すお父さん。子供のとき見たのと違って、大きく、そそり立っている。

「くわえて」

「……」

「頼むから」

体が動かなかった。昔から怒ると手が付けられない人だ。断ったら何をされるかわからない。

こうして私は女にさせられた。

そして以降も、何度か関係を持った。

「お前がカワイイからだよ」

お父さんは、私の体に乗りながら何度もこう言った。カワイイと誉めてくれる男性は他にいなかった。だから私は受け入れつづけた。

〈私、かなり小さいし、太ってるよ〉

高校卒業後は、先生の薦めで清掃会社に勤めた。障害者を採用してくれる会社が少なく、やむなく入ったカタチだ。

最初はホテルのベッドメイキングをするはずだったが、私を表に出してお客の目に触れさせたくないからと、すぐ裏方に回された。

入社のときの約束が違う！　怒りたかったけれど、世の中そんなもんかなとも思ってしまう自分がいた。無理矢理にでも納得するしか生きていく道はないんだ。

出会い系サイトに手を出したのは二十才を過ぎてからだった。父親相手に経験を積んだことで、異性に対して大胆になっていたのだろう。

『気軽にメッセージください。仲良くなって遊べるといいな』

平凡な書き込みに、男性からのメールが殺到した。半日で20人以上。こんなにモテた経験はもちろん初めてだ。

一番気に入った年下の大学生、ユウヤとメールを往復させるうち、流れで頼まれた。

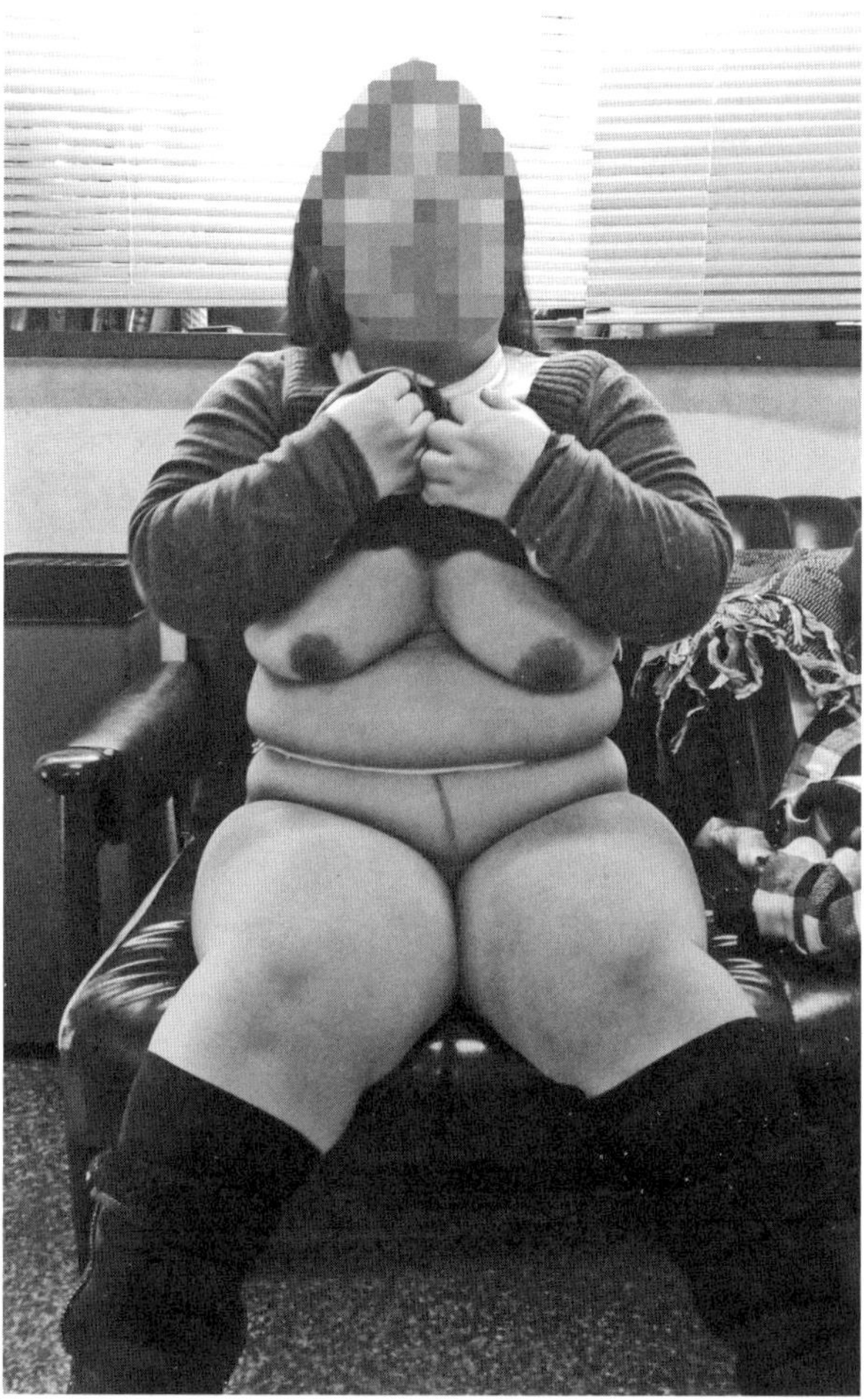

この体を求めて、現在も男が殺到している

〈写メを送って〉

いつかこうなるとは思ってたけど、どうすればいいんだろう。素直に体のことを伝えたら、引かれてしまうかもしれない。

悩んだ末、全身が写らないよう胸から上だけ撮影した写真を送ることに。

〈私、かなり小さいし、太ってるよ。いやなら言ってね〉

小さくて太ってる。ウソではない。でも本当のことは伝えられなかった。

ユウヤからメールが届いた。

〈ぜんぜん普通だよ〉

とんとん拍子に会うことになった。普通とは言ってくれたけど、やっぱり怖い。全身を見たら、逃げちゃうかも。

シックスナインはやっぱり無理だった

アポ当日。約束の映画館前に、ユウヤはやってきた。

「こんにちは」

「へえ、やっぱり背低いね」

私を見るなり、彼が目を丸くする。

「…驚いた？」

「うん。想像より小さかったから。行こうか」

平静を装ってくれてるだけなのか、それとも少し小柄なだけと思ってくれてるのか。ずっとそんなことを考えながら、映画館の暗がりで、私はユウヤのほうをチラチラ気にしていた。

映画の後、誘われるまま、彼の住む大学の寮についていった。

彼はなかなか手を出してこない。ゲームをしたり、世間話をしたり。

私はベッドにごろごろ寝転がって隙を見せた。ころころ、ころころ、パンツもチラッとさせて。

「洋子ちゃん！」

彼がおおいかぶさってきた。激しく舌をからめてくる。服を脱がされ、下着を脱がされ、胸を揉まれ。うれしい。やっと私、まともなエッチができるんだ。

フェラもクンニもお父さん相手に経験は済ませている。でもシックスナインはその日が初めてだった。

笑い話みたいだけれど、やっぱりその体勢はムリだった。身長差のせいで、同時に舐めることができない。しょうがなく私はクンニをあきらめて、オチンチンをしゃぶった。

挿入して1分ももたずに、彼はイッてしまった。気持ちよさはまったくなかった。でもそんなに興奮してくれたんだと思うと、すごくうれしかった。

私は出会い系にハマった。写真では胸から上しか見せない作戦で、男たちはいくらでも寄ってきた。

会ってから逃げ出す人はいた。でも逃げない人のほうが多かった。ドチビで太っていることんな体が好きな人もいっぱいいることを私は知った。

体験人数は3年間で20人を超えた。

イキそうになるたび、高い高ーい

26才。私は何度かの転職を経て、カメラ工場のラインで働きだした。ベルトコンベアで流れてくる部品を手作業で組み立てる仕事だ。

工場に気になる人がいた。同じラインで働く1コ上の簑田さんだ。顔はイカツイけれど、なぜか私には優しくしてくれるのだ。ラインに背が届かない私が専用の踏み台に乗るときは、いつもソッと手を貸してくれた。

(もしかしたら簑田さん、私のこと好きなんじゃないかしら)

出会い系じゃないリアルな世界でこんな気分になったのは初めてだった。恋ってこういうのをいうのかも。

休憩中、思い切って聞いてみる。

「ねえ、今度の休みって何してるの？」

「べつに、家にいるけど」

「私もヒマなんだけど。遊びに行ってもいい？」

「いいよ」

いいんだ。やっぱり私のこと、そいういう目で見てたんだ。も～、ヤラシイんだから。

当日は、彼の寮に入った途端、いきなり襲いかかられた。

「ねえ、急がないで」

「いいだろ、な？」

彼は騎乗位好きで、イキそうになるたび、赤ちゃんを高い高ーいするみたいに私の体をオチンチンから引っこ抜いた。いい感じになったらスポッ、いい感じになったらスポッ。もう、変なのっ！

「ねえ、どうして私としたの？」

カワイイと誉められたがる私に、簑田さんは言った。

「職場で動く姿がカワイイかったから」

「動く姿？」

「うん、そう」

動く姿…。これって誉められてるのかな？

代わるがわる駅弁スタイルで

簑田さんと私はセックスフレンドのような関係になった。

彼が「複数プレイしてみないか？」と誘ってきたのは、お付き合いが始まって3カ月ほどたってからだ。私が他の男に抱かれてるところを見てみたいというのだ。

「オマエ、なかなかイカないじゃん。他の男とならイクんじゃないかって」

「……」

「イクところを見たいんだよ、な、頼むよ」

興味なくはなかった。絶頂は、お父さんや出会い系の体験で知っていたけど、複数を相手にしたことはない。多くの男性が、私の小っちゃな体で興奮してくれるって、どんな気分だろう。

彼のアイデアは成人映画館での放置プレイだった。客席で私一人きりにしたら、スケべな男たちがちょっかいを出してくるはずというのだ。

その日、ミニスカートをはいた私は、映画館のいちばん前の席に座った。

「じゃあ、頑張れよ」

「…うん」

簑田さんが離れた瞬間、どこからともなく人が寄ってきた。オジイチャンから、20代の若者まで、全部で6人ぐらい。あちこちから手が伸び、胸やスカートの中をまさぐってくる。興奮した。ドチビの私でも、こんなに多くの人が触ってくれるなんて。

簑田さんが近寄ってきて、みんなに声をかける。

「じゃあ、行きましょう」

先導されるまま、私と男たちは映画館を出て近くの公衆トイレへ。この中で1人1人の相手をさせられるらしい。

まずは40才くらいの中年男性と個室に入り、2人きりに。でもオジサン、私があまりに小さいので、どうしていいかわからないみたいだ。もう、待たせないでよ。せっかく濡れてるのに。

私はパンツを脱いで、オジサンの首に抱っこちゃんのようにぶらさがった。ほら、これなら入るでしょ。

こうして代わるがわる、男たちは駅弁スタイルで私を突いてくれた。というか、簑田さん、ぜんぜん見てないけど満足なのかしら。

キミみたいなコのこと、天使って言うんだよ

簑田さんと参加したスワップパーティで、40代の紳士なオジサン、山村さんと知り合い、彼ともエッチな友達関係になった。すごく優しくてタイプなのだ。

いまの私がヤリマン生活を送れているのは、この山村さんのおかげだと言ってもいい。

最初はこんな一言だった。

「僕の知り合いに、この前、洋子ちゃんのことを話したんだよね。そしたら彼、すごくキミのことに興味を持ってさ。一度、相手してあげてくんない？」

顔や性格じゃなく、小人症とのエッチに興味を持たれたことはすぐに察した。

なんだかイヤな感じがした。モノの貸し借りみたいで、バカにされてる気がする。

でも期待に応えてあげたい気持ちもある。たぶん、私以外にそんな願望を叶えてくれるコなんていないのだし。

紹介してもらったオジサンは、ワゴン車の後部座席で私を愛撫し、騎乗位で頭を撫でてくれた。

「天使だねえ。キミみたいなコのこと、天使って言うんだよ」

天使か…。微妙なニュアンスが込められてるみたいだけど、あんまり考えないでおこう。

オジサンとの一件があってから、山村さんは紹介屋のように次から次へと、小人好きの男を連れてきた。こんな田舎にもいっぱいいいるのだ。シックスナインを始め、立ちバックや正常位でのキスすらできない女を愛でてくれる人たちが。

紹介が紹介を呼び、いまの私は引く手あまたの人気者だ。恋やエッチに縁がないかもと悩んでいたあのころ、こんな人生、想像すらできなかったのに。

（構成・編集部）

NN《ナマ中出し》

こうして私は
ナマ中嬢にまで
堕ちた

リポート
佐藤アケミ（仮名）
31才

『裏モノJAPAN』2018年9月号掲載

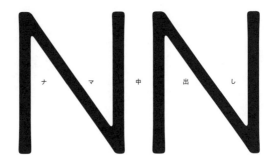

本誌の読者であれば「NN」という言葉の意味はご存じだろう。ソープランドでの「ナマ中出し」を表す隠語だ。

ゴム不要で中出しまで可能という、男にしてみれば都合のいいプレイだが、不思議なのはなぜそんな危険な行為を受け入れる嬢が大勢いるのかだ。感染症や妊娠を恐れていないのだろうか。

彼女らは、いかなる理由があってナマ中嬢になったのか。とある一人の現役ソープ嬢に語ってもらった。

サラ金で借りてブランド品を散財

高校を卒業した18才の春。服飾の専門学校に通いたかったのだが、お金がなかった。家が片親だったこともあり金銭的な余裕がなかったのだ。

そこで学費を貯めるために、近所のアパレルショップで働き始めた。もともと洋服が好きだったし、人にも好かれるタイプなので接客業も苦じゃないし。

2年間ほど楽しく続けていたのだが、人間関係に問題が発生した。先輩の女子社員からイジメられるようになったのだ。

仕事が適当だとか、敬語がなってないだとか、理由は些細なことだが、そのせいでストレスが溜まり、精神的に不安定な状況に陥った。相談できる彼氏も友達もいないし。

このストレスを解消するため、給料を買い物につぎ込んだ。当時の手取りは月15万円くらい。なのに月に10万円ほどは買い物していたと思う。

これではマトモに生活できるはずもなく、進学のために貯めた金は数カ月で底をつき、足りない分はサラ金で借金することに。何軒かのローン会社を順番に回って買い物を続けたのだ。

そのころの私は、働いている店よりも高級なブランド品を買い、それを他の社員に自慢して、イジメの仕返しをしてやろうと考えていた。

当然のことだがショップではますます孤立し、1年ほどでサラ金からの借金は100万近くに膨れ上がり、自力で返すのが不可能な状況に陥った。

昼間の仕事なんてやってられない

借金をどうやって返済しようか考えながら、繁華街で下を向いて歩いていたところ、ジャニーズの手越君似のイケメンに話しかけられた。

「お姉さん、お金に困ってない？　よかったら相談乗るよ」

普段だったらスカウトなんか無視するのだが、当時はワラにもすがる思いだったので話を聞くことに。

「君みたいにかわいい人なら、ピンサロで大丈夫。楽に稼げると思うよ」

風俗の営業形態に詳しくなかったので、意味がよくわからなかったが、フェラをするだけで、半年100万は楽勝で稼げるらしい。

「若いときしかできない仕事だし、やらないで後悔するより、やって後悔しても遅くはないんじゃない？」

これまで彼氏は、高校時代から数えて3人いた。どいつもフェラ好きだったので結構仕込まれたとは思う。舐めることはキライじゃない。

一度やってみて嫌になったら辞めればいいかと、結局その足でピンサロの面接に行くことが決定した。雑居ビルの一室に赴き、面接を受けた。かなり緊張していて、挙動不審だったのを今でも覚えている。

時給は3千円。昼職が終わったあとに毎日3時間だ

け働けば月々20万くらいのお金になるから、5カ月で借金を返せる。そう親切に相談に乗ってくれた。

はあ、と納得していたら店長が一言。

「じゃあ、この後に研修していく?」

どうやら私の採用はすでに決定していたようだ。もう後戻りはできない。

事務所のデスクで店長から簡単な講習を受け、チンコの拭き方、ローションの使い方などを教えてもらった。

「もう、大丈夫そうだね。んじゃ、衣装に着替えて待機室で待ってて」

待機室に入りネグリジェを受け取った。ほとんど全裸のような服なので恥ずかしかったが、それ以上にうまく仕事ができるのかという不安が大きい。

緊張しながら初めてのお客さんと対面し、手コキとフェラでなんとか射精させることに成功した。

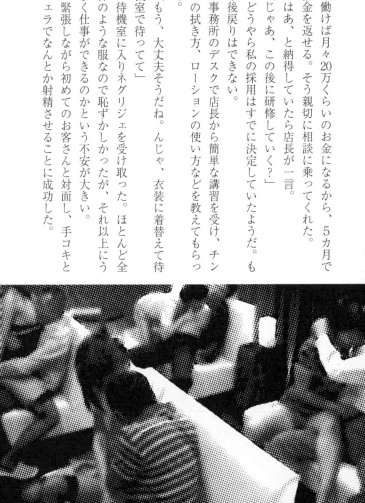

この日の仕事はこれでおしまい。精神的にかなり落ち込んだが、帰り際に給料＋ご祝儀、合計2万円も受け取って感動した。

こうなったらストレスが溜まる昼間の仕事なんてやってられない。ピンサロで働きはじめてから一週間でアパレルのバイトは辞めた。

ルックスがよくなれば楽に指名がつくだろう

新人嬢だったので、半年くらいの間はなにもせずとも結構な人気があり、そのおかげでアパレル時代の借金は返済できた。

ところが、高収入に味を占めてズルズルと仕事を続けていたら、ある時期を境にパッタリと指名がなくなった。

同時期に、ネットにある店の掲示板でこんな書き込みを発見した。

『アケミってやつはブスで態度クソ。キスなし。フェラ下手』

『若いからってヘタクソすぎるわ。目が細すぎじゃね？』

私に対する誹謗中傷の数々だ。

フェラには慣れてきたのだが、手マンやキスには抵抗があり、客から迫られても受け流していたのだ。そのせいで人気がなくなり指名が減ったらしい。

このままでは、収入が減ると思った私は、客の要求に積極的に応えるようになった。手マンされればアエぐ演技をして、キスはネットリとディープに。気持ちが悪くて仕方ないが、これ以上掲示板に悪口を書かれれば職を失うことになる。

ところが、指名は一向に増えない。せっかく頑張っているのに、それに見合った成果がない。ショックを受けると共に、急激にヤル気がなくなった。

そして私が出した結論が、バックレだ。

これ以上この店で働いていても意味がない。別の店に移籍したほうが収入も増えるはずだ。出勤するのをやめて、仕事を探しながら家での引きこもり生活が始まった。店からの電話はすべて無視して部屋に閉じこもった。

そして、ある考えが頭の中に浮かび始めた。あんなに頑張ったのに指名が増えなかったのは、私の顔に問題があったのだと。

それなら整形すればなんとかなるのではないか。テクニックを鍛えるよりも、ルックスがよくなれば楽に指名がつくだろう。

仕事もないのでダウンタイム（整形の腫れが引く期間）も確保できるし好都合だ。

クリニックを訪れ、眼の二重切開と、鼻筋を高くするためのシリコンプロテーゼの見積りを取った。分割支払いができるとのことだったので即決した。

手術は無事に成功。術後2カ月ほどで腫れも引き、キレイな二重と鼻筋を手に入れた。

しかし、長期の無職状態のために、貯金は底をつき、これから整形費用の分割払いが始まるので金銭的にかなり厳しい。

そこでピンサロよりも高収入なヘルスで働こうと考えた。ピンサロでもディープキスや手マンをされたし、ヘルスでもやることはそう変わらないだろう。

ネットで待遇が良さそうな店を探して電話をかけ、とんとん拍子で話が進み、デリヘルで働くことが決定した。

5千円払えばヤレる嬢として人気に

入店したのはいいが、ヘルス特有の仕事に慣れるのに苦労した。

洗体するにも温度や洗い方に気をつけなくてはいけ

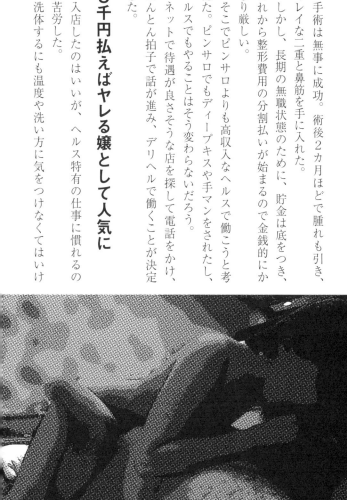

ないし、クンニや69など、男に積極的に攻められるのが特に苦痛だった。なんとか笑顔で応えるが、見知らぬ男に体を触られるのは正直しんどい。

それでも整形したおかげか、指名は順調に増えていった。

そんな中、いつものようにホテルでプレイしていたら、客に素股の最中に腰をつかまれて、「入れていい？」と言われた。

「え…困ります」

「じゃあ5千円追加で払うし」

5千円か。整形費用の支払いが終わってないので、ちょっと魅力的かも。

「ゴムつけてくれるなら…」

「あ、じゃあつけるよ」

初めての本番は、思いのほか楽だった。頑張ってフェラしなくても、客が勝手にイッてくれるのだから。

その後はお小遣いを追加でくれる人には本番をＯＫするようになった。もはやセックスすることの抵抗感はなく、全ては金のためだ。

このことは店の掲示板でも話題になり、５千円払えばヤレる嬢として人気になった。稼ぎは月45万ほどをキープしつづけた。

ところが後日それに気づいた店長から呼び出しをくらってしまった。

「お前、本番やってんだろ。クビな」

店を追い出されて数日。これからどうしようかと考えた。デリヘルのバック率では同じような稼ぎは難しい。５千円の小遣いがあってこそのあの収入だったのだ。

そこであることに気が付いた。どうせセックスするならソープランドでも変わらないし、収入も落ちないのでは？

チンカスまみれのチンコをしゃぶる

ソープに入店したのは25才のときだ。

ソープの仕事は体力的、精神的に、想像していたよりも遥かに辛かった。

マットプレイでは全身が筋肉痛でバキバキになるし、即尺では洗っていないチンコをなめなくてはいけない。これが一番キツイ。即尺のために洗ってこない客までいて、チンカスまみれのチンコをなめさせられた。もう死にたくなる。

しかし、苦痛と引き換えに収入は安定した。大衆店なので店の客層は悪かったが、整形した顔のおかげで何人かの指名もついたのだ。

お金のためだと自分に言い聞かせて2年ほどは馬車馬のように働いた。

ところがある日、生理でもないのにマンコの中から血が出てきた。

どうやら酷使しすぎたせいで、内側が裂けてしまったらしい。ズキズキと痛くてやってられない。

そこで一緒に働く他の女の子に相談したら、キシロカインという麻酔薬を教えてくれた。これを膣内に塗れば感覚がなくなるらしい。その女の子には他にもウエトラという、アソコの中に入れるローションも教えてもらった。これで膣内のゴム擦れを予防できるらしい。

これらを使ってだましだまし働いてきたのだが、とうとう限界がきた。精神的に調子が悪くなり、ウツ状態になったのだ。

週に1度、メンタルクリニックに通い始め、現実から逃避するために精神安定剤や向精神薬を処方してもらって、毎日大量に飲んだ。

しかし、薬の副作用とストレスからくる過食のせいで体重がブクブクと増えていき、せっかくの指名も離れてしまった。入店時よりも、20キロくらい増えたのだから当然だ。

指名が減ったことで、お茶を引くことが多くなり、収入は激減。人気と反比例するかのように体重は増え続け、とうとう70キロを超えた。

そんな状況を見かねてか、仕事終わりに店長に呼び出された。

「いまの君の体形では、フリーのお客様にも相手させられない。もし、ヤル気があるならNSにしてみてはどうだ?」

NSとは、ノースキン。つまり生挿入のことだ。ただし、射精は外。ナマ外出しがルールだ。

正直、それだけはやりたくなかった。ピルは飲んでいるけれど、病気や妊娠が怖いのはもちろん、客のチンコを何もつけずに挿入するなんて気持ちが悪い。しかし、このままではクビになるだろう。70キロオーバーの体形では他に雇ってくれるソープを見つけるのも大変だ。

結局は首を縦に振るしかなかった。

マンコが焼けるように痒くなった

ＮＳ嬢になったことで、約束どおり店長からフリーの客を対応させてもらえるようになった。

初めて生挿入したのは、禿げあがった60才くらいのジジイだった。

グリンスという強力殺菌の石鹸で念入りにチンコを洗い、ひと通りのプレイをしてから、とうとう挿入の時間が来てしまった。

ああ、もしこの人がエイズに感染していたらどうしよう。淋病や梅毒は？　クラミジアだって持ってるかも。不安でいっぱいになりながら、騎乗位の態勢で腰を下ろす。ゆっくりと生のチンコが中に入る感覚がマンコから伝わってくる。もう、気持ちが悪くて吐きそうだ。

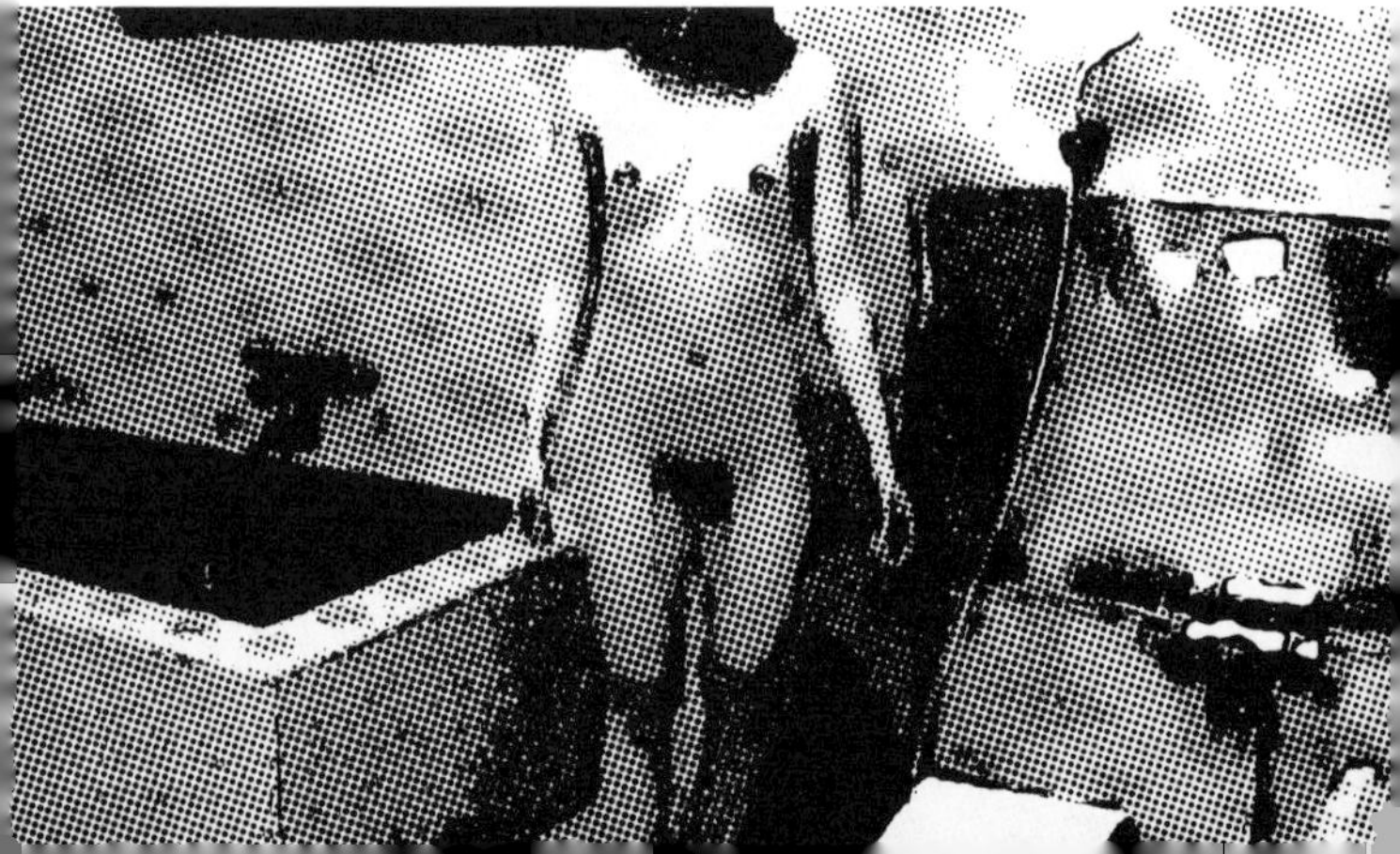

お次は正常位に変更して、腰を打ち付けられる。もう、早く射精して終わらせてほしかった。目を閉じて感じるフリをする。

数分でジジイの息が上がり始めて、「出るっ」と言ったかと思えば、腹の上に白濁の液体が乗っかっていた。はあ。やっと終わったか…。

時間は10分ほどしか経っていなかったが、私には1時間以上の拷問のように長く感じた。これが生挿入の初体験だ。しんどすぎる。

それからは生挿入希望のフリー客を中心に接客を続けた。

そんなNS生活にも徐々に慣れてきたころ、影響が身体に出始めた。

アソコが焼けるように痒くなったのだ。我慢できないほど痒くて痒くてしかたがない。病院で診察を受けたところ、クラミジアだと診断された。8年の風俗嬢経験で初めて性病にかかったのだ。

それでも店には病気のことは黙って、抗生物質を飲みながら出勤を続けた。客が増えてきたのに、出勤を止めては、せっかくNS嬢になった意味がない。

以降も、定期検査はせず、自覚症状が出てから抗生物質をもらいにいくパターンを繰り返した。

アソコの中でチンコが痙攣

ＮＳ嬢として過ごすこと数年。何度もアソコが痒くなりながら、頑張って仕事を続けた。中に出されないことだけを最後のプライドとしてやってきて、客からは幾度となく「中で出していい？」と聞かれても、そのたびになんとか断っていた。

しかし、切羽詰まった状況になった。ＮＳを売りにしていたにもかかわらず、客の数が急激に減少し始めたのだ。

つい最近、同じ店に若くてキレイ目なＮＳ嬢が入店したため、客がそちらに流れたようだ。これではどう頑張っても客を奪い取ることはできない。

もはや私に選択肢はない。ナマ中（ＮＮ）嬢になるしか生き残る方法はなかった。

店長に直接その旨を伝えた。

「ナマ中をやるので、フリーでＮＮ希望の人が来たら、私のところにお願いします」

彼は笑いながら軽く答えた。

「ああ、頑張ってね」

その日、数少ない常連客の一人が来店した。

「私、今日からナマ中ＯＫになったから」

その言葉を聞いて、彼は喜んでチンコを勃起させた。正常位で腰を振り、射精する瞬間に身体を強く抱きしめられた。

膣の中でビクビクとチンコが痙攣していたのを覚えている。

チンコを抜くと中からドロッと精液が溢れ出た。とうとう中出しされてしまったわけだ。

流れ出る精液を見ても、嫌悪感はさほどなかった。それ以上に、ついにここまで堕ちて来てしまったというあきらめの気持ちで胸がいっぱいになった。

その後は現在に至るまで、ほぼすべての客からナマ中出しを受けている。

仕事を終えて、家でゴハンを食べている最中に、マンコからドロッと精子が流れてくるときなどは不快でたまらないが、そんな生活にも慣れてきてしまった。

私はいったい、どこで道を間違えたのだろう。

私のウンチは食べやすいと評判！スカトロAV女優29才、クソにまみれた半生を語る

ウンチやオシッコが登場するスカトロAV。かなりハードコアな内容なので、オカズにしてる人はいなくても、興味本位で見たことがある人は少なからずいるだろう。

なぜ、私がスカトロAVに出演するに至ったか、そしてその実状を皆様にお伝えしたい。ただし食事中の方は読むのを控えたほうがいいかもしれません。

初めてのスカトロ体験は援助交際の相手

スカトロに関する最初の記憶は、5才にまでさかのぼる。小学校に入る前の幼いころに印象的な体験をしたのだ。

当時は男女問わず、連れション感覚で友達と一緒に外でウンチをして遊んでい

リポート
吉沢ミレイ（仮名）
29才 匿住所 スカトロAV女優

『裏モノJAPAN』2019年5月号掲載

た。

ちょっとトイレするから一緒に行かない？　みたいな感じだ。性別を意識するような年齢でも性に目覚めていたわけでもないが、友達の目の前でウンチをした経験がなんとなく頭の片隅に残っている。特殊な経験だってことは、幼いながら感じていたのかもしれない。

とはいえ、スカトロに携わるようになって思い返してみればという程度なので、そこからウンチが好きになったわけではなく、あくまで興味を持つキッカケに過ぎない。

その後はごく普通に年を取り、中学で初めての彼氏とエッチをするような、人と変わらない青春を送っていた。

そんな中、高校時代に一つの転機が訪れる。

隣町の高校に通っていた女の子と友達になったのだが、その子が援助交際をやっていたのだ。

その影響で小遣い稼ぎのためにエンコーを始めた。当時はクラスの女子のうち5人に1人くらいの割合でやってたし、お小遣いが手に入るなら別にいいかという軽い気持ちだ。

1回の値段は3万くらい。出会い系サイトを使って募集をしていた。

その中で17才のときに出会った40代の男性と初めてのスカトロプレイをすることになった。

ホテルに入るや、彼にこう言われたのだ。

「浣腸がしたいから、ソファの上に座ってくれるかな？」

特に断る理由もなかったので了承し、M字開脚の状態で拘束されソファの上に座り、浣腸をさせられた。

このときのことははっきりと覚えている。

何分か我慢していたのだが、限界を迎えてしまい、思わず強い口調でキレてしまった。

「あー、もう出るんだけど！　トイレ行きたい！」

人前でウンチをすることに抵抗があったのだろう。しかし、ブリブリブリと無情にも肛門から柔らかい水状のウンチが飛び出した。恥ずかしいのだが、なんとなく気分がいい。異常なまでの開放感があった。

その間、男は私の局部をジーっとガン見している。漏れたウンチをそのままにして、セックスしてから3万をもらった。約束の金がもらえるなら文句はない。

プレイ後にベッドで休んでいたら、男が私のウンチを片づけ始めた。その光景にますます

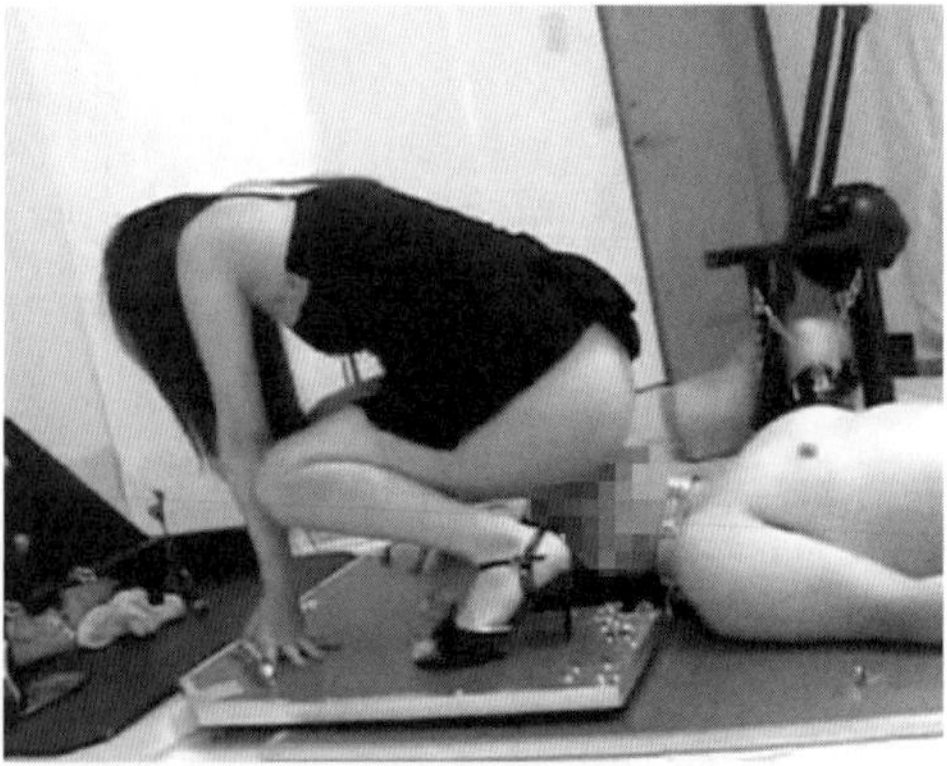

興奮した。年上のオッサンが私のウンチを片づけてるのを見て快感が押し寄せてきたのだ。ここでなにかに目覚めたのだろう。

その後も定期的にそのオッサンとだけはスカトロエンコーをしていたので、高校生の時点で人前で糞尿することに慣れていたんだと思う。

現場で一番大切なのはウンチの物撮り

高校を卒業してからは専門学校へ。そこから普通に就職して働き始めた。

とはいえ性への好奇心は捨てきれず、何となく悶々としていたところで高校時代にエンコーを教えてくれた友人に再会したのだが、驚くことに、その子がAVに出演していたのだ。

「よかったら、ミレイもAVやってみない?」

これに二つ返事でOKした。エンコーでお金を稼いでいたので抵抗感はなかったし、それよりも撮影の現場がどんな雰囲気なのかっていう好奇心のほうが強い。最初のきっかけは軽い気持ちだ。有名になりたいって欲も少しはあった。

初めての作品は女子高生がエンコーするという企画モノ。本当はもっとハードな内容にチャレンジしたかったのだが、プロダクションの意向で出演できなかった。清楚系の作品を主に取り扱っていたのだ。

しかし、期待していたほど撮影現場で驚きはなかった。ま、制服でエッチするだけなので、実際に高校時代にエンコーしていたのと大差はない。

結局、もう一本別の企画モノに出演してから、他のプロダクションに移籍した。

当時からすでに本物の元アイドルがAVに出演する時代、凡人が有名になるにはもっとハードなことをやらなくちゃという思いがあり、別のプロダクションの面接では「なんでもやりたいです！」と宣言した。

NG項目のチェックのときにも、スカトロやハードSMの項目に了承をした。

そして23才で初めてのスカトロAVに出演することが決定。私を含めて4名の女優が出演した。

事前に当日朝のウンチは控えるように言われて、都内の駅前に集合した。

そこで、他の女優さん、スタッフさんと合流。千葉の山奥の撮影現場まで車で連れていかれた。撮影の緊張よりも便意がものすごくて、我慢するのが大変だったのを覚えている。

2時間かけて、ようやく現場に到着。古民家風のスタジオでスタッフさんに案内をされた。

「出せる方から順番に始めていきます」

スカトロAVで最初に行うのが排便の撮影だ。これが一番大切。縁側に座り、カメラが肛門の近くに設置されて、もう一台で私の顔をアップにする。何人もの前でウンチすることには少しだけ戸惑ったが、エンコーでプレイした経験もあり、すんなりと排便に成功した。朝から我慢していたのでキレイな一本グソだ。

その日は服もほとんど脱がずに、ウンチをしただけで撮影が終わった。スカトロＡＶのメインはあくまでウンチなので、女の裸やセックスは二の次で絡みもないのだ。

そのせいかギャラもさして変わらない。だいたい、普通のＡＶの１・２倍程度だ。スカトロの方が若干高いだけだ。

初めての女優さんのなかには、どう頑張ってもウンチできずに終わってしまうこともある。

実際、他の撮影では、何時間かけても出せず、そのまま撮影が終わりという女優さんもいた。朝から我慢しているので簡単に出そうなのだが、どれだけ頑張っても人前では拒否反応を起こす人もいる。これは体質なのだろう。その場合は浣腸で排泄を行う。

黄金メニューはサラダ、麺類、デザート

何本かの撮影を続けるにつれ、スカトロというジャンルの中にもいくつかの種類があることを知った。

男優は一切登場せずに女の子がウンチする瞬間だけを切り取ったものや、女優が自分のウンチをパクパク食べる作品などだ。中でもマニアに一番人気なのが、嫌がる男優に無理矢理ウンチを食べさせるジャンルだ。

男優の口の中に直接脱糞を行い、こぼれればトングで拾って無理矢理にでも口の中に押し込む。

慣れている男優なら涙ぐみながらでも、食べることができるが、中にはゲロを吐いてしまう人もいる。本来食べ物じゃないんだから当然なのだが。

そしたら戻したゲロとウンチを混ぜて、さらに口の中に突っ込む。

嫌がりながらも、全員がウンチは「おいしい」と答えるから不思議だ。味は苦いのかしょっぱいのか聞いてみても「おいしい」としか答えてくれない。たぶん他に形容できない味なんだと思う。

こんな大腸菌の塊を食べて心配だが、いままで撮影現場で具合が悪くなった男優を見たこ

とがない。

しかし後日、姿を消してしまうことは何度かあった。そういえば、あの人どこの現場でも見なくなったなって、話題に上ることはある。それがウンチを食べたことが原因かどうかはわからないけど。

それにツライのはスタッフも女優も同じだ。

特に現場のニオイは尋常じゃない。近所の人に撮影内容を気づかれたらマズイので部屋を密閉する。夏場はモワっと部屋中がウンチのニオイで充満する。普通の人なら嗅いだだけで気分が悪くなると思う。

中でもイヤなのが髪の毛にニオイが付くことだ。このときの注意として絶対普通のシャンプーを使ってはいけない。香料のフレグランスとウンチが混ざって、余計にイヤなニオイが強調されるからだ。

無香料の石鹸を使うか、お湯で洗い続けるのが一番効果的だ。

他にもウンチを出すコツを学んでいった。そこで発見したのが食べやすいウンチを出す黄金メニューだ。

サラダ、麺類、そしてデザートを順番に食べるというもの。これが最も食べやすいウンチを出せるメニューだ。

大事な撮影の前日には、5軒以上のファミレスをハシゴして、このメニューを食べまくる。そしてひたすら我慢をつづければ翌日のウンチはものすごい。

両手に収まらないほど、山盛りの量のウンチを一度に出すことができるようになる。

実は私のウンチは食べやすいと評判がいいのだ。中にはパサパサで食べにくいウンチもあるのに、私の場合は水分の割合が絶妙なんだと。こんなことで喜んでいいのかわからないが、少し自慢だ。

意外に思われるかもしれないが、プライベートでは一切スカトロプレイをすることはない。

撮影の現場だけが異常な雰囲気でテンションが上がっており、男優に何をしても怒られないという非日常な空間が、イジメてやりたいという気持ちを駆り立てるのだ。

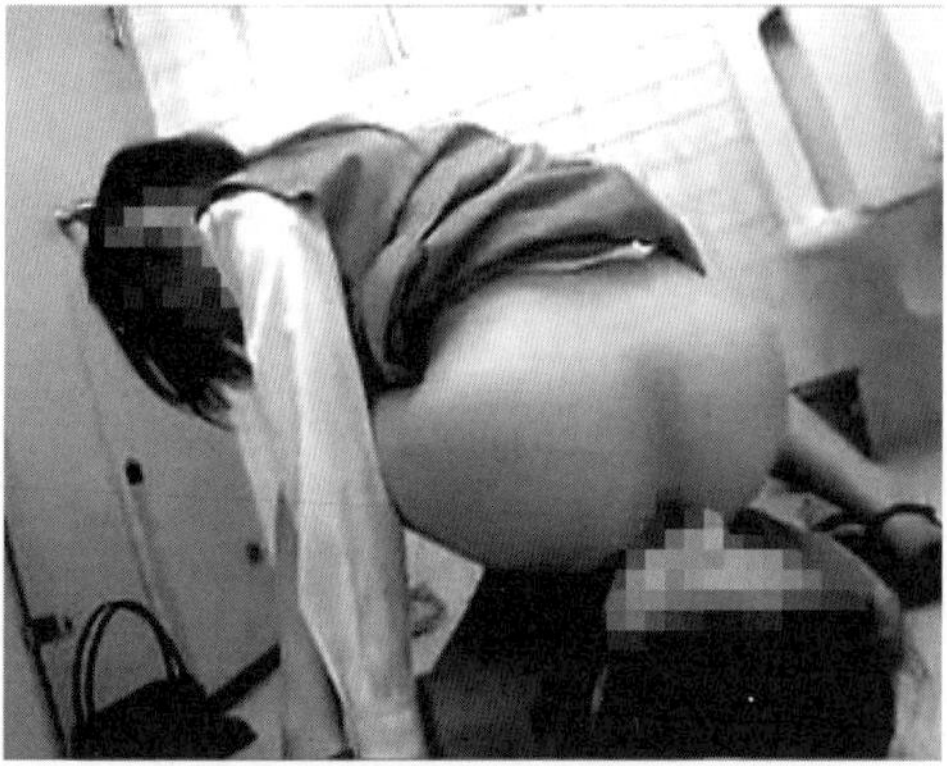

素人女性 初めてのエロ現場

第2章

女性のハプバー体験記で最後までヤラれるやつが読みたい！

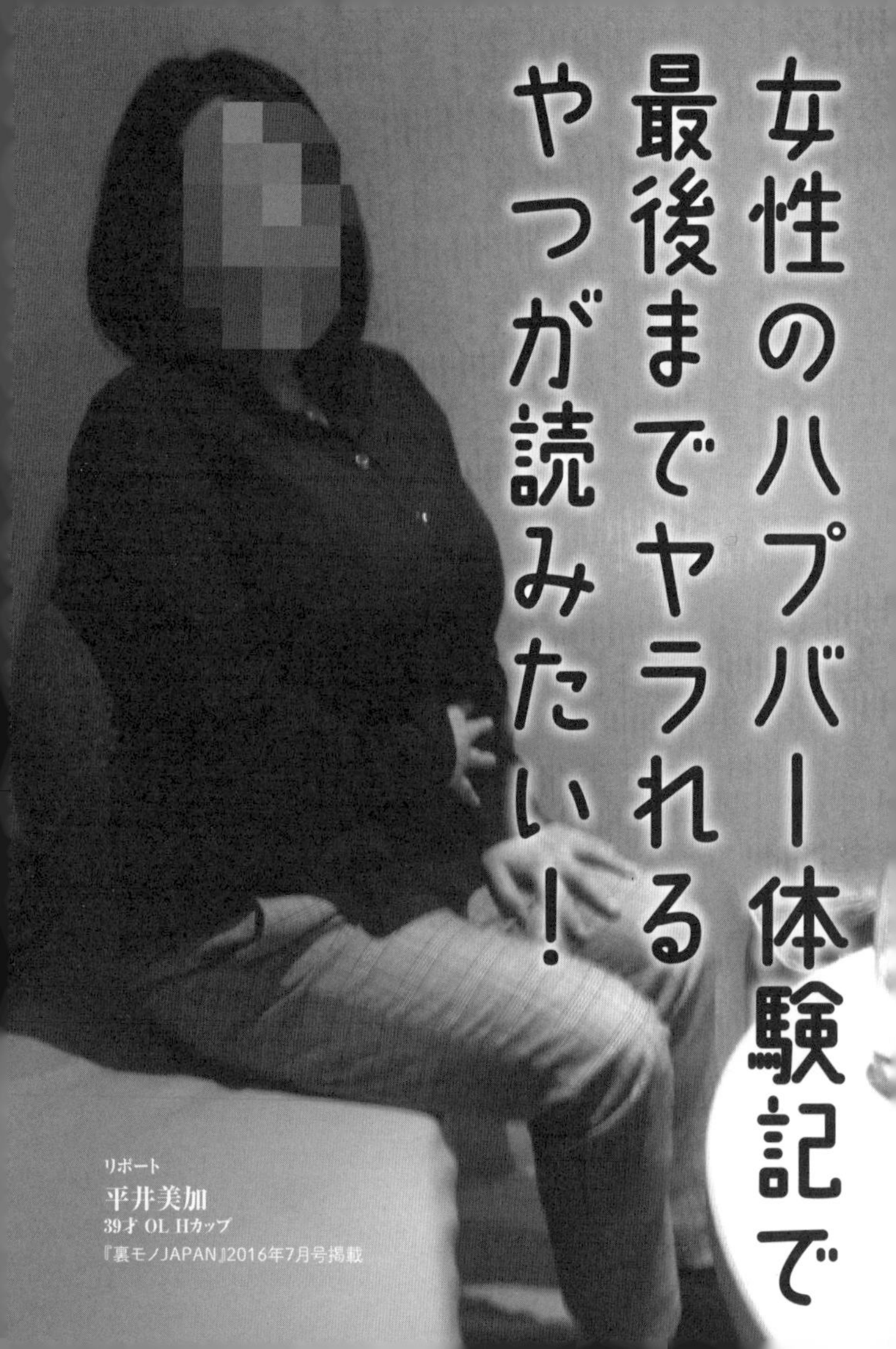

リポート
平井美加
39才 OL Hカップ

『裏モノJAPAN』2016年7月号掲載

編集部フジツカです。まずは、日ごろ私が感じている大きな不満について。

ご存知の方もいると思うが、ネット上では女性ライターによる体験型のエロ記事をちょこちょこと見かける。ハプニングバーの潜入記事などはその代表格だが、それらを目にするたび、いつもおれは深いため息が出る。

こうした企画に我々が期待するのは、ハプバー未体験のシロート女が、はじめは戸惑いつつも、やがて周囲のエロい雰囲気に興奮をおぼえ、最後は良心の呵責にさいなまれながら寄ってたかって男どもにヤラれまくる、そんな展開だ。

ところが実際はどうか。女ライターはあくまで観察者として店内の様子を伝えるのみ、決してスケベの輪に加わろうとしない。のみならず、その姿勢からは、「こんな変態たちと一緒にしないで」という高慢な態度すら透けて見える。これが憤らずにいられようか。

しょっぱい記事書いて気取ってんじゃねえぞ、腐れマンコどもが！　四の五の言わんとチンポしゃぶって串刺しにされて来いや！

同じ思いの男性は多いのではないか。そこで今回、その欲求不満を解消すべく、あるシロート女性をハプバーに送り込んで体験記を書かせることにした。

人選にあたって重要なのは、ハプバー未体験であることとプラス、普段からエロい事柄とは縁遠い、清純キャラであることだ。スレた女がハプったところで興奮などちっともできないし。

思い当たる女性が1人いる。以前、本誌で連載していた「白馬の王子サマ」の執筆者、平井美加だ。

「白馬の王子サマ」は独身ＯＬが本気で婚活し、将来のダンナ様を探し出すという内容で、残念ながら連載は、彼氏もできないまま最終回を迎えている（２０１０年７月号）。あれから丸６年、現在39才とやや年は食ってしまったものの、マジメでＨカップ巨乳という彼女のキャラは今回のプロジェクトに適任ではないか。

さっそく連絡してみたところ、幸いなことに彼女はまだ独身だった。

「結婚してないどころか相変わらず彼氏もいないんですよ。めっちゃヤバいですよね。誰かいい人いないいですか？」

「うーん、特にいないかなあ。ところで今日はちょっとお願いがあって電話したんだけど」

「なんですか？」

正直にハプバーに行ってくれなどと言えば、間違いなく拒絶するだろう。ここはぎりぎりウソにならない範囲で、口説くしかない。

「会員制の面白いバーがあるんだけど、おれとそこに行った後で、体験記を書いてほしいのよ」

「なんで私なんですか？」

「普通のＯＬさんの目線だとどう見えるか知りたいんだよね」

苦しい説明にもかかわらず、彼女は特に疑った様子もなく答えた。

「ふうん、なんかよくわかんないけど、今週末なら予定ないんで別にいいですよ」

迎えた当日、夜10時。待ち合わせ場所に足を運ぶと、雑踏の中にひときわ胸の大きな女性が。美加ちゃんだ。黒のＹシャツにチェック柄のズボンと、かなり地味な格好をしている。

こうして我々は都内某所のハプバーへ向かった。ここから先は美加ちゃん自身のリポートを読んでいただくとするが、その前に彼女のプロフィールをあらためて。

身長157センチ、Ｈカップのグラマー体型。顔は動物に例えるとリス系で、決して美形とはいえないが、どこか愛嬌のある雰囲気をたたえており、実年齢の39よりも5才ほど若く見える。飢えたハプバー客の目にとまれば、放っておかれないだろう。

生まれて初めて見る他人のセックス

裏モノ読者の皆さん、お久しぶりです。私を知らない方ははじめまして。平井美加と申します。

裏モノの編集さんから頼まれて、いまこうして原稿を書いているんですが、正直、あの日起こった出来事を書くことに強い抵抗を感じてます。なんであんなことをやってしまったん

連載当時から胸だけは目をひいた

だろうという後悔が大きすぎて、押しつぶされそう…。

書いてる途中で泣いてしまうかもしれませんが、とりあえず始めてみます。

編集さんに連れてこられたのは、見るからに怪しいお店でした。受付が終わると、すぐにSMの女王様みたいな格好をした女スタッフさんが現れたのです。Tバックのレザーパンツを穿いてるのでお尻は丸見えだし、いったい何のお店？　と不安がつのりました。

「あの、この店って何するところなんですか」

「ん、だから会員制のバーだよ。ただ、ちょっとエロい客が多いんだけど」

「え、大丈夫ですか？　私、変なことされませんよね？」

「平気平気。美加ちゃんが同意しない限り、何にも起きないから」

同意って何？　不安はますます大きくなっていきました。

女王様ルックのスタッフさんが店内を案内してくれるということで、最初にやってきたのは地下のバースペース。すでにたくさんのお客さんがいたのですが、その7割は下着姿の男性です。

続いて向かった上のフロアには、ソファがいくつか並んでいて、その一角に男性2人と若い女の子が座っていました。でもその彼女、全裸だったんです。しかもよく見たら、男性のパンツから飛び出たオチンチンを握ってる…。

軽い悲鳴を上げる私に、女王様スタッフが笑って言いました。

「こういう店、初めてなんですか？　だったらこっちに来てくださいよ。もっと面白いものが見れますから」

そう言って案内されたのは真っ暗な通路のようなところで、片側の壁には小さな窓がいくつかついています。何だろうと覗いてみた瞬間、思わず「あっ」と声が出てしまいました。

窓の先は6畳くらいの部屋になっていて、そこに裸の男女が2組もエッチしてたのです。生まれて初めて見る他人のセックス。動揺した私は編集さんの方を向きました。

「帰っちゃダメですか？　こういうお店、ちょっと無理かも」

「安心してよ、美加ちゃんは何もしなくていいんだから。見るだけなら平気でしょ？　これも一種の社会勉強だよ」

そんな社会勉強したくないけど、ここで帰ったら迷惑をかけそうだし…。

いま振り返れば、この甘い判断が大間違いのもとでした。ここでとっとと帰っていれば、あんなことにはならなかったのだから。

「そんなエロい顔と体してよく言うよ」

ひと通り見学が終わったあと、バースペースに移動した私たちは適当なテーブル席に腰かけました。スタッフさんが振る舞ってくれたテキーラショットを飲みながら、あらためて周囲を見渡します。

目立つのは男性客の多さですが、女性客もそこそこ目につきました。私服だったり下着姿だったり、中にはお店のコスプレ衣装を着た子もいて、とにかくみんな楽しそうなのが印象的です。

知らない男性客が私たちのテーブルにやってきました。20代後半くらいの星野源に似た男の子です。

「すいません、お二人ってカップルさんですよね？」

私が口を開ける前に編集さんが答えました。

「知り合いですけど、カップルではないんです。だから別に気を遣わなくてもいいっすよ」

するとその男の子が会釈をして私の隣に座ります。何だかすっごく距離が近いんだけど…。

「このお店、よく来るんですか？」

「…いいえ、初めてです」

「そうなんだ。もう誰かとハプりました？」

「え、ハプ…、なにそれ？」

「だから、もう誰かとセックスしたの？」

「…いやいやいや、そんなのしてませんよ。するわけないじゃん」

「へえ、そうなんだ…」

そう言うと、なにを思ったのか、彼はがらっと話題を変えてきました。自分は普段バーで働いているとか、少し前に彼女と別れちゃったんだとか、合コンで話すような世間話です。

「彼女と別れたから、こういうお店に来たの？」

「そういうわけじゃないけど、やっぱ刺激が欲しいじゃない。こういうお店は客の目的がはっきりしてるから好きなんだよね」

「目的ってエッチだよね」

「そうだよ、オネーサンもエッチは好きでしょ？」

「嫌いじゃないけど、このお店みたいなノリは苦手かも」

「またまた〜。そんなエロい顔と体してよく言うよ」

そのときでした。彼が突然、私の胸をチョンチョンと指でつついてきたのです。

「え、ちょっとヤダ！」

ふと見れば、なぜか編集さんは私たちと少し距離を置いたところでニヤニヤと笑っていました。

ここで、おれ、フジツカの視点から見た、入店から現時点までの彼女の様子をお伝えしたい。

ハプバーに入った直後こそオドオドしまくっていた彼女だが、意外にも短時間で店の雰囲気に慣れてしまったように見受けられた。ヤリ部屋の様子を小窓から覗きこんだ際、「ヤダ～」と言いつつも、うっすらと口角が上がっていたのだ。完全に拒絶したなら、ああはならないだろう。

若い男性客に話しかけられたときも、表面上は楽しそうだった。

結局、彼のボディタッチに恐れをなして逃げ出したが、あれは拒絶ではなく、単に久しぶりの性的アプローチに驚いただけなのではないか？

本当に浅はかだったと反省しています

突然のセクハラにビックリした私は、以後、編集さんのそばから離れないよう気をつけることにしました。こうしていれば、他の男の人に気安く話しかけられることもないと考えたのです。

ただそれはそれで困ったことにもなりました。編集さんがやたらとお酒を勧めてくるのです。

「はい、美加ちゃん。ビール持ってきたよ。飲んで飲んで」

グラスが空になればすかさず、「次は赤ワインでも飲もっか」とにかくこんな調子で、常にアルコールを飲んでいる状態でした。そこへ店員さんが定期的にテキーラショットを運んできたりするものだから、すぐに頭がボーっとしちゃって…。

正直、このときはアルコールの力で少しリラックスするのもいいかなと思っていたのですが、いまは本当に浅はかだったと反省しています。

編集さんが言いました。

「美加ちゃん、なんか楽しそうじゃん」

「はい、何か酔ってきたかも」

「だったらせっかくだし、コスプレとかしてみない？」

編集さんが店内の衣装コーナーから一着引っ張り出してきたのは、透け透けのキャミソールでした。え、こんなの恥ずかしくて着られないよ！

「そう？　結構似合うと思うんだけど。これ着るとモテるよ」

「無理ですって。それにこんな店でモテたくありません」

「大丈夫、ほらほら着てみて」

「え～本気ですかぁ？」

酔いが回ってムダに気が大きくなっていたとしか思えません。しぶしぶながらも衣装を受け取った私は、更衣室で着替えを済ませ、またバースペースに戻ったのです。

「おお、いいじゃんいいじゃん。超セクシーじゃん」

「…でもブラとパンツ透けてますよ。ヤバイですよね？」

「そんくらいがちょうどいいんだって。裸の子だっているんだし」

そしてまた、編集さんに渡されたワインをガブガブ飲む私。どうしようもないバカです。

「私、そういうのはやりたくないので」

深夜0時を過ぎたあたりから、お客さんの数が増え、店内の活気は一段と増しました。やっぱりこういうお店って、徹夜で遊ぼうという人が多いようです。

そのうち、私たちのテーブルにまた見知らぬ男性客が近寄ってきました。歳は30半ばくらい。黒縁のおしゃれメガネをかけたちょっとポッチャリ体型の人です。

「どうも、一緒にお話してもいいですか？」

「どうぞどうぞ。あ、僕、ちょっとお酒をとってきますので、ご自由にしゃべっててください」

そう言うと、編集さんはそそくさと席を立っていきました。

メガネさんが顔を近づけてきました。

「いまの人、彼氏さん?」

「いえ、そんなんじゃないです」

「あ、そうなんだ。てか、さっきから気になってたんだけど、おっぱい超デカいね。何カップ？」

「…Hカップですけど」

「すごいね。こんな大きな胸の人と会ったのははじめてだよ」

メガネさんは都内で自営業を営むバツイチ男性で、この店にはときどき遊びに来ているとのこと。物腰がやわらかく、イヤな感じではなかったけど、内心、早くどこかに行ってくれないかな、と思っていました。こんなお店で知らない男性と話し込む気にはなれません。

しばらく世間話に付き合ってあげたところで、メガネさんが言いました。

「ねえ、せっかくだし、プレイルームに行かない？」

何組かのカップルがエッチをしていたあの部屋のことです。

「いやいやダメですよ。私、そういうのはやりたくないので」

「え〜、そうなの？」

「はい、ごめんなさい」

「じゃあ、見学だけしよう」

「…窓から覗くんですか？」

更衣室の隅でパシャリ。以降は撮影不可能

「そうそう。見るだけなら別にいいでしょ？」

「え〜」

もちろん見るだけでもイヤに決まってるけど、きっぱりと断るのも何だか相手に悪い。お人好しの私はそう考えたのでした。

「じゃ、本当に見るだけね」

「うん、行こう」

メガネさんに手を引かれ、プレイルーム脇の通路に向かいました。さっそく小窓を覗きはじめた彼が、私に手招きしてきました。

「見て見て、ほら。チョー盛り上がってるよ」

覗いた小窓の先では、３組のカップルがエッチしていました。といっても別々にセックスするんじゃなくて、全員がぐちゃぐちゃに入り乱れた乱交ってやつです。

何これ…。ショックを受けながらその光景に釘付けになっていると、メガネさんの手が私の腰に巻きついてきました。

「ねえ、興奮してきたっしょ？　俺たちも中に入らない？」

言うと同時にキスされてしまいました。驚きで、５秒ほど体が固まってしまいます。

あわてて彼を押しのけて抗議しました。

「ちょっと、やめてください」

「ごめん、ムラムラしちゃって」

「私、戻りますね」

しょんぼりするメガネさんと別れ、その足でトイレへ。便座に腰かけた途端、視界がぐるぐる回りました。


透け透けキャミに着替えたあたりで、彼女が客とセックスするのは時間の問題だろうと確信した。嫌がりながらも、あんな大胆な服を着るなんて普段の彼女ならあり得ない行動だからだ。よほど気分が高揚していたに違いない。

その期待はメガネ男性とプレイルーム見学へ行ったことでさらに高まったが、あと一押しが足りなかったようだ。

というのも、ハプバーの男客ってのは、さほど強引に女をヤリ部屋に誘ったりはしない。相手にノーと言われれば黙って引き下がるのがマナーだからだ。

だったらここはおれがひと肌脱ぐしかない。多少、強引な手を使ってでも美加ちゃんをヤリ部屋に送り込むとしよう。

その場の空気を壊しちゃいけないと

バースペースに戻ると、編集さんが待ち構えていたように手を振ってきました。なぜかその隣にいるのは、先ほどのメガネさんです。

「あのさ、この彼と2人でプレイルームに行ってきなよ」

「はあ?」

「いま話を聞いてたんだけど、もうキスまでしちゃってるらしいじゃん」

「いや、それは…」

「とりあえずプレイルームに入るだけでいいよ。それ以上やりたくなきゃ出てきていいから、行くだけ行ってみなって、ね?」

「えー、無理です」

しばらく同じやり取りを繰り返したのですが、編集さんは決して折れてくれず、根負けする形で私は首を縦に振りました。

「でも、本当に入るだけですからね。私、何もしませんよ!」

「はいはい、行ってらっしゃい」

プレイルームへ向かう途中、メガネさんが気遣ってくれました。

「僕も無理やりするのは好きじゃないから、イヤだったらすぐ出ようね」

「ありがとうございます」

こうして足を踏み入れたプレイルームでは、２組のカップルがイチャイチャしていました。まだセックスはしてなくて、前戯の真っ最中といったところです。

おじさんっぽい人のオチンチンをフェラしてる金髪のギャル系。ボブカットの女性のアソコに指を出し入れしているイケメン君。そんな光景を体育座りしながらチラチラ見ていると、後ろにいたメガネさんが私の首筋に舌を這わせてきました。

「ちょっとちょっと、何やってるんですか」

「ん？　いいからいいから」

テキトーなことを言いながら今度は彼の指が私のパンツへ。

「あれ、何だか布が湿ってない？　もしかしてもう濡れてる？」

「いやいや、ちょっと待って。もう出ましょう？　ね？」

それを無視して、メガネさんの指がパンツの中に入ってきました。止めようとしても彼の力はものすごく、どうにもなりません。

思えばこれが最悪の事態を避けるラストチャンスでした。大声を出して暴れまくれば、メガネさんを振りほどくこともできたハズですが、でもあり得ないことに、私はここで観念してしまいました。

なんだかその場の空気を壊しちゃいけないと思ってしまったんですね。もし騒いでお店を追い出されたりしたら、入場料を返さなきゃいけないのかと考えたりも…。

こんなことしちゃっていいのかな

抵抗をやめた途端、素早く私を裸にしたメガネさんは、舌と指を使ってあちこちを愛撫しはじめました。

「どう？　乳首、気持ちいい？」

「……」

「クリ、感じる？」

「……」

いちいち反応を確かめてくるメガネさんですが、嫌々応じてる私が、気持ちよくなるハズなどありません。

「じゃ、ちょっと舐めて」

差し出されたオチンチンも黙って口に含みました。はやく終われ、はやく終われと祈りながら必死にフェラに励むだけです。

しばらく顔を上下に動かしていると、彼が私をゆっくり床に押し倒しました。コンドームをつけたオチンチンがゆっくりと中に入ってくるのがわかりました。あぁ、こんなことしちゃっていいのかな私。

「はあ、はあ、はあ」

荒々しい息を吐きながら腰を動かすメガネさん。そんな彼の顔を無感動に眺めていたら、予想もしない事態が起きました。

すぐそばでボブ女性とエッチをしていたイケメン君が、メガネさんに話しかけてきたのです。

「すいません、僕らも混ぜてもらえないっすか？」

「全然いいっすよ。一緒に楽しみましょう」

え、一緒に楽しむ？　まさか…。

不安は的中しました。ゆっくりと近づいてきたイケメン君が私の口にオチンチンを無理やり突っ込んできたのです。さらにボブ女性は、私の体に重なるようにして乳首を舐めはじめました。

「このおっぱい、舐めてみたかったんですよね～。あん、ヤバ～イ、超やわらかくて気持ちいいんですけど～」

なんでこんなことに…。

顔にまたがってアソコをコスりつけ

思い出すだけでも目まいがしそうですが、私が味わった地獄はこれで終わりじゃありません。

メガネさんに挿入されたまま、ボブ女性に乳首を舐められ、イケメン君にフェラしているという状況のなか、さらにもう一組のカップル（おじさんと金髪のギャル）までが「僕らもご一緒させてください」とやって来たのです。

本格的な乱交がスタートしました。

まず正常位の体勢でイケメン君が無理やり挿入してきました。それだけでもイヤなのに、金髪ギャルが私の顔にまたがってアソコをコスりつけてくるのです。気持ち悪くて仕方ありません。

「あ、あの、ちょっと苦しいからやめてください」

そう言うと金髪ギャルは何を勘違いしたのか、こう言いました。

「あ、オネーサン、超Mでしょ？　こういうのされて感じるの？」

たまらず、身をねじるようにして彼女のアソコから逃れました。でも今度は、興奮した様子のおじさんがオチンチンを突きつけてきます。

「はあ〜、はあ〜、フェラしてくれる?」

深呼吸をしてから舐めました。オチンチンの先をノドの奥にがんがん突っ込まれて吐きそうになっても、必死に舐めました。ああ、私、何をやってるんだろうと思いながら。

その後、私を含む女性3人はバックの体勢で横一列に並ばされました。男性たちはそれぞれの女性に挿入し、順にスライドしながら相手を変えていくのです。

私の中で果てたのは3度目に巡ってきたメガネさんで、そこでようやく彼が言ったのです。

「ふう、気持ちよかったね〜〜。そろそろお連れさんのところに戻った方がいいんじゃない?」

はげしい後悔と自己嫌悪に陥った私は、しばらくその場にへたり込んでいたのでした。

★

本当に今も後悔の念でいっぱいです。こんな私ですが、いつか結婚できるんでしょうか。

リポート
佐藤まあや
23才 裏モノJAPAN編集アルバイト
『裏モノJAPAN』2017年7月号掲載

オナニーでしかイケない23才 裏モノ新人バイトちゃん 逆性感マッサージで絶頂に達するか?

今年の3月に大学を卒業して、春から裏モノ編集部でアルバイトをしている佐藤まあやです。中学生のころから本屋さんで見かけるたびに、コッソリ立ち読みしていた雑誌の編集アシスタントをすることになるとは…！　人生、何が起こるかわからないものです。

毎日嘘みたいなホントの話を聞きながら、企画に使うアダルトグッズの買い出しやら雑用をこなしているのですが、4月某日、編集長に呼び出されて「記事書きたいって言ってたよね？」

迷わず、書きたいです！　と即答した次の瞬間、

「じゃあ、逆性感マッサージ行っとくか」

ぜひ！　ってあれ？　逆性感？

実は私、エロ見聞には耐性があるほうだと自負しつつ、いざ自分自身のこととなると粘膜接触もイヤだというひねくれ者。なぜそうなってしまったのか？

自己分析してみた結果、まず第一に「ヤれる女」にカテゴライズされるのが嫌なこと。

そして第二に、オナニー以外でイケた試しがないこと。

気持ち良くないことをしても苦痛にしかならないので「セックスをしない」と決めて早数年。23才なんて男も女もエロいことばっかりしてるんだろうし、ときどき、なんだか損をしているような気分にもなる。

そんな私が女性用の性感マッサージ体験？　本当に気持ちよくなれるんでしょうか。それに現場の映像も撮るなんて…。

でも行かずに後悔よりも行って後悔。一縷の望みにかけて受けてみます！

早くも心が折れそうに…

まずは業者選びから。「女性向け　性感マッサージ」で検索してみると、ＳＭや催眠などの特色あるお店やら、男性向けと近い形態のところ、出会い系掲示板で「性感マッサージします！　1時間３０００円～」と個人が趣味（？）でやっているようなところまで、様々なタイプがある。

ほとんどの場合、ホテルや自宅、はたまた旅行先に、というのがお決まりのコースらしい。念のために口コミを調べてみても「〇〇（お店の名前）でレイプされそうになりました」といった内容の書き込みが数件見受けられる程度で、その実態は一切つかめず…。

覚悟を決めて、いちばんスタンダードっぽい雰囲気のお店に予約を入れようとすると、まさかの「電話予約のみ」の文字が。エッチなお店に電話なんて今まで一度もかけたことないよ～、早くも心が折れそうに…。

緊張でドキドキしながら震える指で番号を打つ。電話口から店長と名乗る50は過ぎていると思われる男性の声がした。「お時間はいかがなさいましょうかねぇ?」と不自然なまでに優しい話し方が、絵に描いたような変態オヤジって感じで気持ち悪い…偏見だけど…。

なんとかかんとかで予約は完了した。当日は担当スタッフに電話をして、外で待ち合わせし、一緒にホテルへ向かうシステムだそうだ。

普通のマッサージとは、まったく違うみたい

2日後の朝、どうかあの店長だけは勘弁してくれ～と念じながら、担当スタッフに電話をかけると、先日とは打って変わってさっぱりした口調の男性が出た。

よかった…と、ひと安心したのはいいものの、すっごく不潔な油まみれのハゲ散らかしたデブオヤジの可能性もまだまだ十分にあるわけで。

待ち合わせ場所で、スタッフさんの到着を待つ。平日の昼間からエロマッサージ師を待っている私は一体なんなんだ…と思いながら、ソワソワすること数分。駅からこちらに向かって歩いてくる40代半ばの男性の姿が。

「佐藤さんですか？　本日担当させていただきます○○です」

カンジの良い雰囲気にやっと安心した。聞けばその道12年の大ベテランなのだそうだ。これはいろいろと期待できるかも…！

ホテルへ向かう道すがら、質問を受ける。

「NG行為などありますか?」

「とりあえずそちらのパンツは脱がないでください」

「あ、脱がなくていいんですか?」

やっぱり普通のマッサージとはまったく違うみたい。またもや不安な気持ちに。

入室後、初対面の男性と密室にいることの気まずさに耐えきれず、せっせとビデオの設置を始める(撮影OKでした)。

シャワーに促され、室内着を手渡されつつ、このあと下着はつけますかと尋ねられ、「み、みなさんはどうされてますか?」と逆に質問してしまう不慣れっぷりを見せてしまった。

「それはご自由ですけれど」

「あ、じゃあ上だけ取ります」

(>_<)の顔文字そっくりの顔をしながら体を洗って、浴室のなかで室内着のボタンを上から下までしっかり留めてから出る。

入れ替わりでマッサージ師がシャワーを浴びているあいだ、ソファに座って煙草を吸って

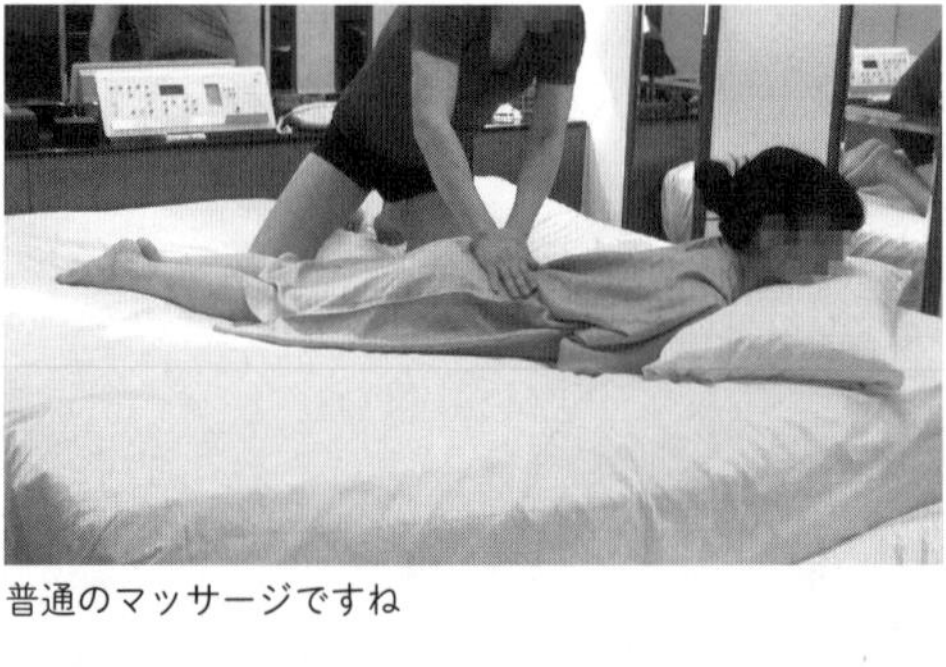
普通のマッサージですね

みたもののまったく落ち着かない…。

いつの間にか向こうもパンツ姿に

準備ができると、室内着のままベッドの上にうつ伏せで寝転がるようにと指示された。

まずはふくらはぎから足を中心にマッサージされていく。

「何かスポーツやってましたか？　筋肉の付き方が…」

あ、なんかちょっとマッサージ師っぽい！　と思ったけど、さすられてる感じで別に気持ちよくはない。

それどころかときどき、パンツの上からお尻に当たるような感じで触れられるたびに「ヒッ…」と身構えてしまう始末。

場を和ませようとして「マッサージに深海ザメのオイルを使ってるんです」などと話を振ってくれるけど、「さ、サメ…」と相槌を打つので精一杯だ。

そのうち室内着を脱がされ、下着姿になる。上に脱いだ服をかけてくれるので、そこまで恥ずかしい感じはしない。

相変わらず（＞—＜）の顔をしたまま全身を強張らせていると、ヌルっとしたもので足をツーっとされてるような違和感が。な、舐められてる…！

いつの間にかパンツまで…

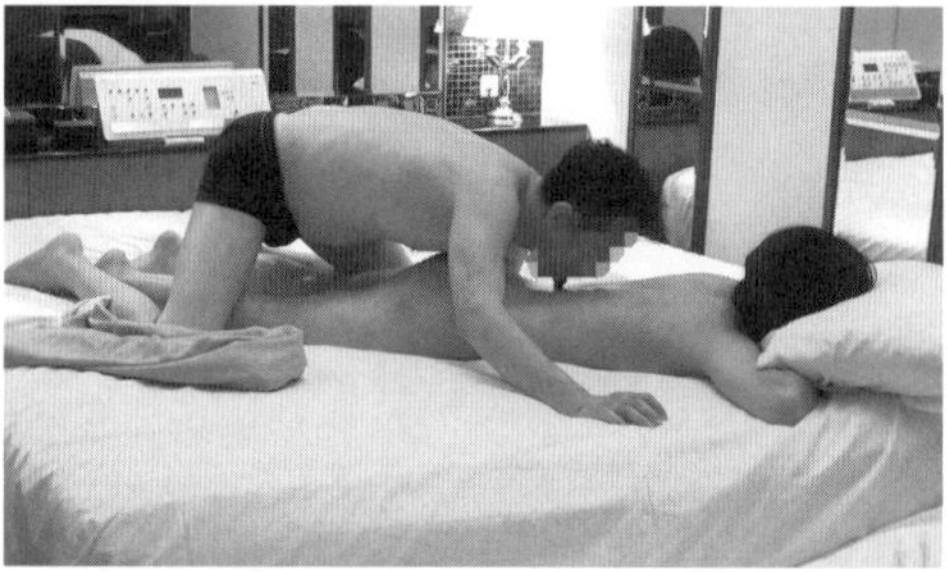
う〜舐められてる〜！

ヒザにキス…？

いつのまにか下着を脱がされ、完全に裸にされた。さすがエロマッサージ師、断るタイミングを完全に逃してしまった。背中まで舐められながら、まぁこれでいいのでしょうと自分に言い聞かせて、ここから先はすべて身を任せることにした。

今度は仰向けになるようにと言われ、足の指まで丁寧にマッサージされた後、胸を触られる。やたらネットリと乳首を舐められてる間、室内に響くピチャピチャという音が耳について、だんだんイライラしてきた。

続いて、マッサージ師の太ももに足を乗せるような体勢にされ、またふくらはぎを揉まれる。途中、両ひざにキスをされたけど、あれは一体なんだったんだろう…。

しかも、いつの間にか向こうもパンツ姿になってるし。「女性向け」だけに、雰囲気

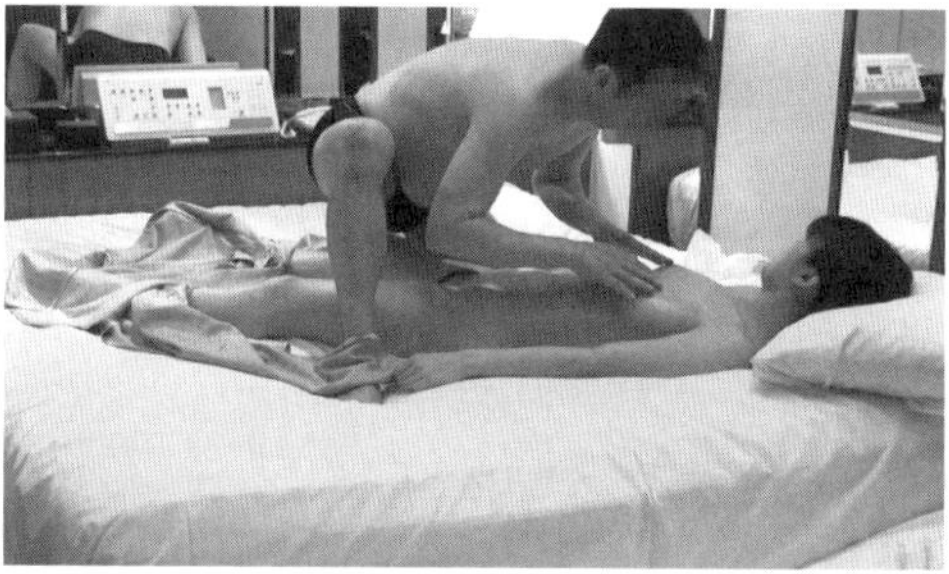

執拗に乳首を攻めてきます

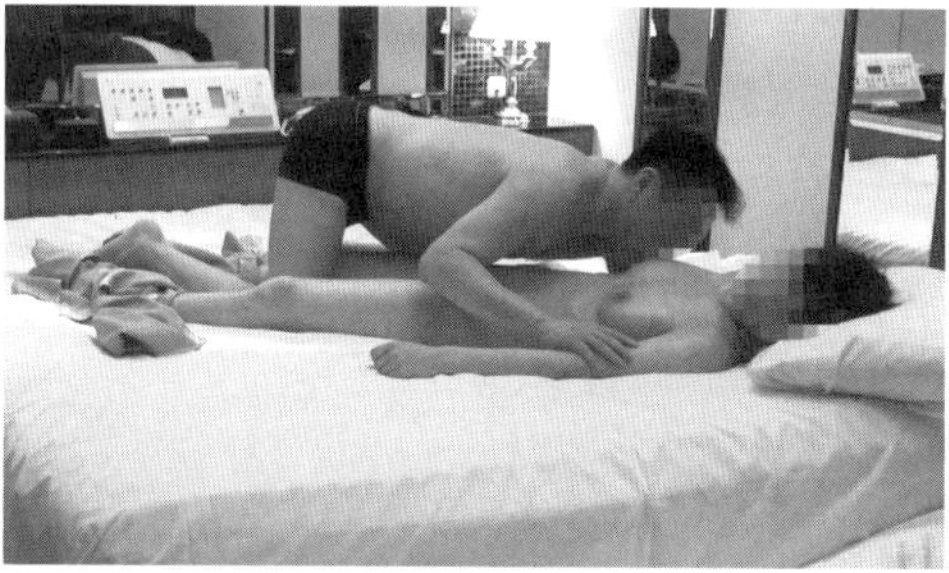

ピチャピチャ…うーん…

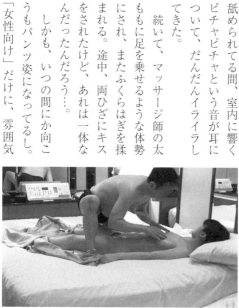

作りみたいなことなんだろうか。

「あれ？ これ気持ちいいのでは？」

次は内太ももあたりを舐められたけど、こっちは1分も経たないうちに止まったので、助かった…と。

しかし、その後に大嫌いなクンニが始まった。クンニなんて粘膜接触中の最たるもの、嫌すぎてキレそうになる気持ちをどうにか必死に堪える…。

なんでこんなことで我慢しているんだろうと思ったら、おかしくて思わず吹き出してしまった。

「くすぐったい？」

向こうも仕事でよかれと思ってやっていることだろうし、さすがに「嫌なので…」とは言えないので、曖昧な返事をして誤魔化す。

微妙な空気が流れた途端、穴に指を入れられた。びっくりして、爆笑していると、対応に困ったマッサージ師が、大丈夫？　と何度も聞いてくる。大丈夫か大丈夫じゃないかと言えば、まぁ大丈夫ではないのですが。

ちょいちょい「ホテルなんだから声出していいからね～」と言われるたびに、こっちはイカせられるものならイカせてごらんなさいよ！　ぐらいの気持ちでいるので…と思っていたらびっくり。息があがっている…？

途中から「あれ？　これ気持ちいいのでは？」と初めての感覚を味わうことに。考えてみれば、そもそも私の性交渉嫌いには恥ずかしい姿を人に見られることに対する強い抵抗感がある。今回は知らない人が相手ということで、いつもより気が楽なのかもしれない。

だんだんと気持ちよくなっていくにつれて、喘ぎ声も大きくなっていく。アソコがピチャピチャ音をたてているのに気付いて、さっきまでヘラヘラしていた気持ちはどこへやら。これがプロの力なのか…。

感動さえしていると、いつの間にか用意されていたローターを取り出して、アソコにあててくるマッサージ師。

「強すぎたら言ってね～」

「う…ああ…ああ…」

「気持ちいい？　どこがいいの？」

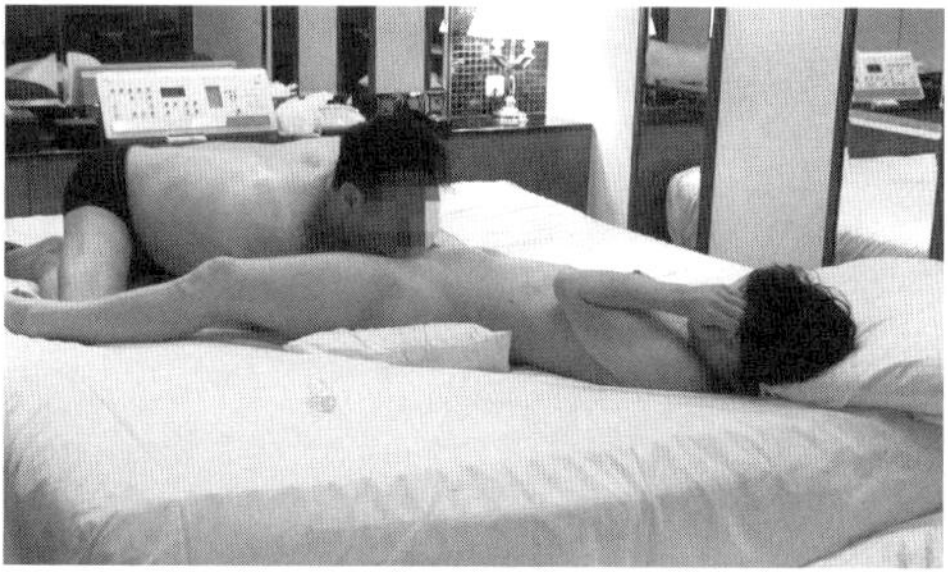

キャー！　粘膜と粘膜が～！

ＡＶ監督みたいなことを言い出すなぁ、と思ったものの、もうそれどころではなく、「気持ちいいです…！」と答えてしまった。

「ん？　いいの？　ここが気持ちいいの？」

「いや…ああ…ああ！　そこ…気持ちいい…ああ！　ああ〜！」

「そうそうそう、イクときは言うんだよ？」

「あっあっああ…！　イクッ!!」

最後はローターをあてられながら強めの手マンをされて、無事イくことができたのでした。

絶頂後、生まれて初めて人にイかされたことに驚いて、「びっくりした〜！」と言ってしまっ

あれ？　なんか気持ちいい…かも…

あああ〜っ！！　イクッッ！！

た。

今までずーっと、そういうことを楽しむ才能がないと思い込んでいたので、まさかこんなことになるとは。

粘膜接触に対する苦手意識も少しだけ克服できたような気がする。とっても良い経験になりました。

レズ風俗で可愛い女の子といちゃいちゃしたいな

リポート
小池環
21才 メイドカフェ勤務
『裏モノJAPAN』2017年7月号掲載

こんにちは、はじめまして。小池環《たまき》と申します。年は21、普段はメイドカフェで働いています。

今回はここで、私がレズビアン風俗のレポートをさせていただきます。

この企画を引き受けるわけですから、女性にはもちろん興味があります。しかし女性とエッチなことをするのは初めてなのでとても緊張しています…。

私が女の子を好きなんだと初めて自覚したのは小学校6年生のときでした。同じクラスの女の子の親友がいて、とても仲がよく毎日学校が終わってから遊んでいるほどでした。毎日過ごしていくうちに、これが恋愛感情なんだということに気づき、その子にはしっかりと告白をして、しっかりフラれました。

青春時代に付き合ったのは男性ばかりでした。でも相手のことは好きだなと思うのですが、どうしてもセックスだけが苦痛でした。心の底からの嫌悪感と違和感に襲われて、何度も自己嫌悪に陥りました。

なので今は、しばらく恋愛はいいやとあきらめています。いつも目で追うのは女の子ばかり。それもどうやら私は、ボーイッシュな子が好きなようです。お付き合いできれば最高なんだけど、そう簡単に行くものではないし…。

写メよりずっと可愛いアンナちゃんが

では、レズ風俗のホームページを色々と見ていきましょう。選べるほどお店があることにびっくりです。

そして、あるお店のサイトですごく好みの女の子を発見しました。18才のアンナちゃんです。ショートカットでボーイッシュ、巨乳、年下で受身がちという、私の好みにドンピシャな子です。

もうコレはいくしかない！　すごく緊張しながら電話で予約を入れると、優しそうな声の男性が丁寧に応対してくれました。

そしていよいよ当日を迎えたわけですがまだ実感はわかず。ふわふわしながらも無駄毛処理だけはしっかりしとこう…という頭だけはありました、なぜか。

準備をしっかりして、いざ新宿のラブホテルへ。一人でラブホテルに入るのも初めてだし、女の子ともそういうことをするのは初めてだし、こういうお店を利用するのも初めてだしで、待っているときは人生で一番ドキドキする時間でした。とにかくソワソワしてしまって無駄に歯を磨いたり、食べたくもないお菓子を食べたり、とにかく時間がくるのを待ちます。

もうそろそろかなと思っていたらノックの音が。もう心臓が爆発してしまうんじゃないかと思うほどバクバク。扉を開けるとそこには写メよりずっと可愛いアンナちゃんが立ってました。

感動しながら女の子を部屋へ。私があたふたしているとアンナちゃんが見かねて、「とり

彼女がお相手のアンナちゃんです

左が私

あえずシャワーでも浴びますか？」と声をかけてくれたものの、恥ずかしくてなかなか服を脱げない私。

アンナちゃんもそれに気づいたのか、先に服を脱いで、「待ってますね」と浴室に入ってくれました。急いで私も後につづきます。

浴室は意外と寒くて、さっき待っている間にお湯をためておけばよかったと後悔しました。アンナちゃんがこちらの身体を洗ってくれているとき、とても寒そうで鳥肌がたっているのを見てしまって、そんな状況でも緊張のしすぎで何も上手くエスコートできない自分が情けない。

シャワーを浴び終わり、ベッドへ行きましょうかと言われ、言われるがままベッドへ。

もっと興奮するのかなとか思っていたのですが、実際目の前にすると緊張でなかなか何も出来ず、アンナちゃんの言うがままです。「電気暗くしてもいいですか？」アンナちゃんが恥ずかしそうに言う。めちゃくちゃ可愛いなぁ。

「おっぱい、舐めてもいいかな？」「聞かないでください…」

とりあえず一緒にベッドに入ってくっつきました。先ほどシャワーしか浴びなかったせいでお互いにちょっと身体が冷えてしまっていて、しばらく二人で布団に包まりながら他愛もない話をします。

「アンナちゃん、まつ毛長いね」

「はい、でもこれマツエクじゃないんです」

「へえ、可愛い。まだ寒い？」

「大丈夫ですよ」

そんな会話でも少しだけ二人が近くなった気分になりました。

ちょっと沈黙になったとき、アンナちゃんが言います。

「今日は好きなことしていいですよ」

好きなこと…。もうせっかくだし今日はやりたいことをやろう！

「胸、さわっていい？」

尋ねると、恥ずかしそうにしながら黙ってバスローブを脱ぎ、こちらへ向きなおるアンナちゃん。

女性の胸なんて、銭湯などでたくさん見ているはずなのに全然感じるものが違って、ああこれがいやらしいってことなんだなと思いました。自分とは違う胸の感触にドキドキ。触ったら次はどうすればいいいんだろう？

初めてだけどよろしくね

「ねえアンナちゃん」

「？（キョトン顔で）」

「おっぱい、舐めてもいいかな？」

「もう、聞かないでください…」

顔を背けられてしまいました。こういうことは尋ねるものじゃないんだなと反省です。まだモジモジしていると、じれったくなったのかアンナちゃんが唇を近づけてきて、女の子との初めてのキス。

それだけでも刺激が強すぎて鼻血が出そうです。チュ、と唇が少し触れたと思ったらすぐに舌が入ってきてテクニックに頭がとろんとしました。初めて感じる人の体温、唾液、口内の感触。

見知らぬ人との唾液の交換なんて、とよく思っていましたが、そんなことも忘れるくらい気持ち良い。柔らかい唇と厚みのある舌に夢中になります。

しばらくキスを続けているとアンナちゃんが唇を離して、私の耳元でささやきました。

「ねえ、胸、舐めて」

布団でいちゃいちゃ

思わず「いいの?」と聞き返しそうになりましたが、さっきの失敗を活かして、黙ったまま、口、頬、首とキスしていき、大きくて柔らかい胸へ。

「あっ、あん」

アンナちゃんの口から、話し声とはまったく違う、艶っぽい喘ぎ声が漏れてきます。もう緊張なんてどこかへ行ってしまいました。舐めるたびに聞こえる甘い声とそのたびに震える身体がとてもいやらしくて。

びっくりするほど綺麗なピンク色

そのまま胸を堪能しながら下に手を伸ばすと、なんとものすごく濡れている。気持ちよくなってくれたのか、興奮してくれているのかと嬉しくなります。

そして指を入れようとしましたが、ヌルヌルでもうどこがどこだかわからない。そうか、このまま下に…と足を広げてアソコとご対面することに。

他人のアソコを見るのは初めてですが、びっくりするほど綺麗なピンク色。本当にピンク色そのものでした。

その綺麗なピンク色が濡れていてまたさらに綺麗だと感じました。思わず舌を伸ばします。

「あっっ!」

先ほどとはまた雰囲気の違った声が。先ほどまではムードを作るための声で、今聞いたのはもっと力強いから、きっとここが本当に気持ち良いところなんじゃないか、と思った私は彼女の一番いいところを探そうと必死になりました。全体を舐めてみたり、触れるか触れないかくらいの感じで舐めてみたり。

そして先ほどもたついた指入れも、しっかりと見えたおかげですんなりと入れることが出来ました。爪は昨日切ってきたから引っかかるようなことはないと思うけど、もし痛がらせてたらどうしよう…と不安になっていたのですが、アンナちゃんが「大丈夫ですよ、そのまま…」と言ってくれたのでひと安心。

ここまで、胸を舐めたり揉んだり指を入れたりしたわけですが、アソコに指を入れたときが一番セックスをしているんだという気持ちになれました。視界が変わってアンナちゃんの顔がしっかり見れるようになるので、もう可愛くてたまらない…。

「すごい上手でしたよ。イッちゃったし…」

指を入れたまま舐めたら気持ち良いんじゃないのか？　と

もう攻めちゃう！

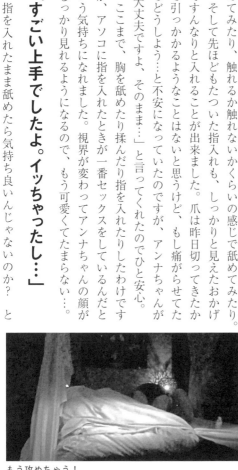

思った私は少しぎこちないながらもやってみることに。

「あーー！　ダメ、ダメ！」

反応が今までとずいぶん変わってびっくり。これが一番気持ち良いんだなとこちらから見てわかるほどです。そのままそれを続けていると、声色がだんだん泣きそうな声になってきて、私の手を握る力も強くなってきました。

もしかして、と思うと彼女の足にグッと力が入ったのがわかりました。

「気持ちいいの？」

「もう…聞かないでください」

「じゃあ、続けていい？」

「もうイッちゃうからだめです」

ちょっと意地悪して聞いてみると、可愛い反応が。こんなこと言われてやめる人いないいんじゃないのかなぁ。

舐めたままクリトリスを吸ったときに彼女は一際大きい声をあげて絶頂をむかえたようでした。はあはあ、と息が乱れているアンナちゃんがとても可愛くてじっと見ていると、こちらの視線に気づいて、

「気持ちよかったです」

と、へらぁっと笑ってくれました。私の胸に刺されたような衝撃が走り、これが胸キュンってやつだー!!! と身をもって実感していると、アラームの音が。どうやらあと10分で時間のようです。

「アンナちゃん、痛くなかった?」

「すごい上手でしたよ。イッちゃったし…。本当に初めてなんですか?」

「うん。初めてがアンナちゃんみたいな優しい子でよかった」

「あはは。そんな慣れたようなこと言うから初めてらしくないんですよ」

なんてピロートークをしながら、一緒にお風呂へ。洗いっこしてから、入浴剤を入れたお風呂で、

「さっきは寒かったから、お風呂は暖かくていいね」

「お姉さんの胸、きれいですね。私もちょっと攻めたかったな」

「え〜、アンナちゃんみたいに大きくないから恥ずかしいよ」

なんて話をしながら、身体が暖まるまで一緒に入りました。

いっぱい舐めてあげました

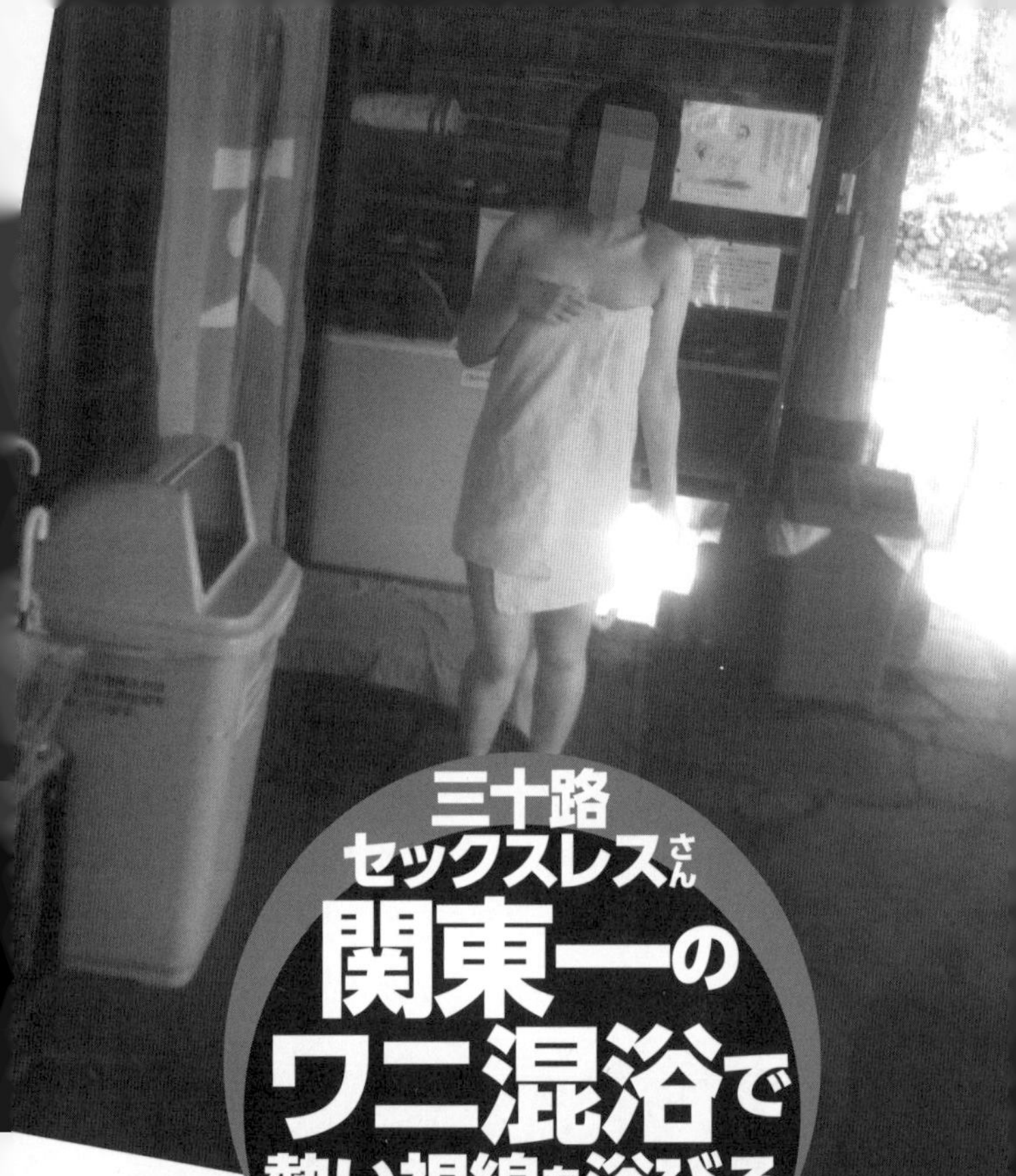

三十路セックスレスさん 関東一のワニ混浴で熱い視線を浴びる

リポート
藍川じゅん
36才 フリーライター

『裏モノJAPAN』2017年7月号掲載

裏モノＪＡＰＡＮ編集部の仙頭さんから、一本の電話がかかってきました。

「ノゾキ男がいっぱいいる混浴へ行ってみません？」

えっ、なんですかそれ…？

行き先は、群馬県水上にあるＴ温泉という場所らしい。

「そこ、混浴ノゾキ男のメッカなんで、ジロジロ見られて興奮すると思うんだけど。女性客がやってくるのをじーっと待ち続ける男たち、通称『ワニ』っていう連中がいっぱいいるんで」

なるほど、水面から目だけ出して獲物を狙うワニに例えているんですか。うまいネーミングですね。…って何でそんなオカシナ話を私に持ってくるの？

たしかに私は、エロい女ライターです。年齢は36才。一応結婚はしているんだけど、旦那との夜の営みはかれこれもう半年もなく、溢れる性欲のはけ口を求めるかのように、よくＡＶで自分を癒しています。

でも、ワニ混浴ってどうなんですか？　行ったことはないんだけど、キモいおっさんにジロジロ見られるんですよね？　寄って来られたりするんですよね？

…ん〜、ちょっと面白そうかもって思っちゃう私、やっぱエロいのかなぁ。


てか、私ってもう30代後半だし…

ゴールデンウィークのよく晴れた行楽日和の休日、昼。仙頭さんと一緒に、T温泉に到着しました。四方を山に囲まれた、空気が美味しい場所です。

外観は、どこにでもありそうなこじんまりとした旅館ですが、廊下の奥にはしっかりと『露天混浴』という案内板が出ている。あのカップルもあのお母さんも、もしかしてドキドキを味わいにきてるのかな？

ロッカーに荷物を入れていると、おばさん客が声をかけてきました。

「そこのお土産コーナーでこれ売ってるわよ」

入浴の際に身にまとう『湯浴み着』です。

「あなたも買うといいわよ。これなら、温泉に入っても透けないんですって」

ふーん、そんな便利グッズがあるんだ！　よし、仙頭さん買いましょう。

「いやいや、そんなもん着たらワニに注目してもらえないから面白くないでしょ」

…ですよねー。そう、私はジロジロ見られにきたんだよな。

ハレンチなことをやりに来たという実感が、じわりと湧いてきました。ワニってどんなふうな人たちなんだろう。てか、私ってもう30代後半だし、体のラインも崩れてるし、全く興味を持たれなかったりして⁉

『露天混浴』の案内板に従い、旅館の裏側、渓流沿いの小道を進んでいく。まもなく現場が見えてきました。

手前に脱衣場、そのそばに湯船が2つ、渓流の反対側の、吊り橋を渡った場所にも大きな露天があります。

おおー。思わず後ずさりしました。混浴だから当たり前なんですが、全裸の男の人がいっぱいいます。…これからあそこに入っていくのかぁ、大丈夫かなぁ。

射すような視線がチラチラ飛んで

脱衣所は、男女別々で設けられていました。裸になり、そしてバスタオルを巻く。のぞかれる目的でやってきているとは言え、さすがに私、裸をすみずみまで見られたいわけではないし。

では行きましょう。緊張しつつ一番手前の湯船の前に立ちました。

男性が15人以上入っています。射すような視線がチラチラ飛んできています。ドキドキするなぁ。いきなりこの人数の中に入っていく勇気はないなぁ。

そそくさともう一つの湯船へ。こちらは男性6人で、雰囲気も大人しそうな感じです。ここならいけそうかも。

バスタオルのまま、肩まで一気につかりました。新幹線とバスの移動で疲れていた体に温かさがじんわり染み渡ります。お湯は普通に気持ちいいかも。

一息ついたところで、改めて温泉全体を見渡してみました。

女性は私の他に3人（アラフォーくらいの方が1人、おばさんが2人）。全裸で大胆な動きをしているような方はおらず、みなさんバスタオルを巻いたり湯浴み着を付け、のんびりお湯につかっています。

一方、男性の数はざっと40人くらいでしょうか。こちらも今のところ、特に変な動きをしている人間はいませんが、いったい何人くらいがワニなんだろう。

すると、仙頭さんが声をかけてきました。

「どう？　そろそろ慣れてきたんじゃない？」

「まぁ、そうですね」

「ここらでみなさんにちょっとアピールしてみたら？」

おもむろに私のバスタオルを引っ張りました。えっ、ちょっと待って!?　バスタオルが半分はらりとはだける。お湯が透明なので胸が丸見えに。ヤダぁ！

ワニの皆様方

次の瞬間。同じ湯船の男性たちの視線が一斉に飛んできました。さっきまでの静かな様子から一転、猛獣のようにギラギラした目つきです。

…これか。息をひそめるようにジーっと待ち続け、獲物を見つけたらガッと動く。まさにワニ…。

体をチラっと見られるくらいは大したことないと思っていたのに、なにこの恥ずかしさ。ワニの視線、やばいよ。

ギンギンに勃起したイチモツを見せつけて

湯船を移動することにしたのですが、そこで思いがけないことが起こりました。バスタオルの剥ぎ取りを露出カップルのイチャつきだと勘違いされたのか、ワニたちがわらわらとついてくるのです。カルガモの親子みたい。

なんて悠長なことを言ってる場合じゃありません。男性を引き連れての移動が他の湯船の人たちをも刺激してしまいます。吊り橋を渡って対岸にある広い湯船につかったときには、大勢のワニが集まってきていました。ど、どうしよう。

3、4メートルくらい距離を取り、私を取り囲んでいるワニのみなさんたち。各々が単独で来ているのか互いにしゃべることもなく、無言でじーっと見つめてきます。

顔ぶれは、おじさんが多いのですが、けっこう可愛い顔をした若い男の子なんかまでいるのには驚きです。私みたいなオバさんを見ても愉しくないだろうに…。

何気にバスタオルを巻き直そうとしたところ、仙頭さんの手が伸びてきました。

「せっかく、こんなに集まってきてるんだしさ」

えっ、ヤダ！　バスタオルを完全に取られてしまいました。湯船につかっているとは言え、乳輪の色や陰毛の濃さまで、全部丸見えです。ワニたちの視線が、おっぱいやアソコに集中するのがわかります。

ううっ、恥ずかしい…。というか、本当に変態カップルだと思ってカランでくる人とかいないよね？

私の不安は、ほぼほぼ現実になりました。岩に腰掛けている筋肉ムキムキの日焼け男性が、腰に巻いたタオルをずらしてギンギンに勃起したイチモツを見せつけてきたのです。す、すごい！　おっきい！

続けて、腰をタオルで隠さず、モノをちらつかせながら私の目の前をゆっくり歩くオジサンも。この人もギンギンにさせてるし…。

何なのこの「興奮してますアピール」。顔から火が出そうなほど恥ずかしいんだけど、三十女の私にこんなに興奮してくれるって…。

ふと、自分の体に異変を感じました。お腹の下のあたりがムズムズしているというか。アソコにそっと手を伸ばすと、案の定、ぐっしょり。さらにどんどん体が熱くなっていく。

どうしよう、視線が気持ちよくなってきちゃった！

ワニたちの間から「おおっ」と小さい歓声が

いろんな意味でのぼせてきたので、併設のあずま屋で休憩することに。仙頭さんがニヤニヤしています。

「さっきワニに声をかけられちゃったよ」

「えっ、何て言われたんですか?」

「ナイスバディなカノジョですね、って」

おそらく、男のほうをおだててさらに大胆な露出をさせようというワニの魂胆だろうとのことです。でもナイスバディとか、ちょっとうれしいかも。

「よかったら、直接ワニとしゃべってみたら?」

「はあ!?」

勃起チンチンを見せつけてきます

「だってほら、さっき若い男の子のことを嬉しそうに見てたじゃない」

うっ、バレてましたか…。

というわけで、再び湯船へ。今やワニの群れは30人ほどに膨れ上がっており、私のまわりは明らかに異様な光景です。「しゃべってらっしゃい」と、仙頭さんに背中をポンと押されました。本当に行くの!? えーい、もうやっちゃえ！

茶髪で細身の青年の隣にスススッと移動していく。自分でバスタオルをはだけながら。…私、だいぶ大胆になってきちゃってるな。

すると、彼が屈託のない笑顔で話しかけてきました。

「お姉さん、おっぱい綺麗ですね！」

「あ、ありがとう」

「あの人は彼氏なんですか？」

「…ええと、彼氏というわけじゃないんですけど…。連れというか。他の男性に見られたりすると興奮するみたいで」

恥ずかしくて自分でも何を言ってるのかよくわかりませんが、

もうオッパイ出しちゃえ！

確かなことは一つ。こんな若い男の子にこんな間近でおっぱいを見られて、また体の芯が熱くなってきています！

しかし青年は「ここはよく来るんですか？」とか「何カップですか？」と矢継ぎ早に聞いてきて話を終わらせてくれません。そして、周囲のワニからは、「オレともしゃべろうよ」「もっと見せてよ」みたいな無言のプレッシャーがひしひしと伝わってきます。

ふと見ると、ワニたちの輪から少し離れた場所に、ロッカーで湯浴み着を勧めてくれたおばさんがいました。表情が完全に軽蔑の眼差し。きっと、男たちに裸を見せて喜んでいる変態女だと思われているはず。せっかく親切にしてくれたのに、おばさん、ごめんなさい…。

でもそう思いつつも、体はいよいよ熱くなるばかり。こんなにたくさんの男性に見られているこの気分、恥ずかしいんだけど…

次の瞬間、私の中で何かが弾ける感覚が。お湯の中からザバッと勢いよく立ち上がり、全

青年クンに誉められちゃいました♥

裸の姿をワニたちに晒していました。ああっ、うそ何してんの私…。

明るい日差しを浴びるおっぱいとアソコ。ワニたちの間からは「おおっ」と小さい歓声が上がっており、対岸の湯船からも見られています。

興奮しすぎて目は涙目、あそこはもうグショグショです。ああっ、気持ちいい〜。

★

帰り際、吊り橋の上からワニ集団に手を振ると、湯船の男性のほとんど全員が手を振り返してくれました。ワニってこんなにいたんだ。よかった、みなさんに愉しんでもらえて。私もすっごく愉しませてもらったし。

温泉から戻ってからというもの、ついつい混浴もののAVばかり見てしまいます。ワニたちのじっとりとした視線を思い出しては体がカーッと熱くなり、自分を慰める日々です。ワニ混浴、癖になっちゃいそう…。

気持ちいい！

第3章

俺が出会った古い女

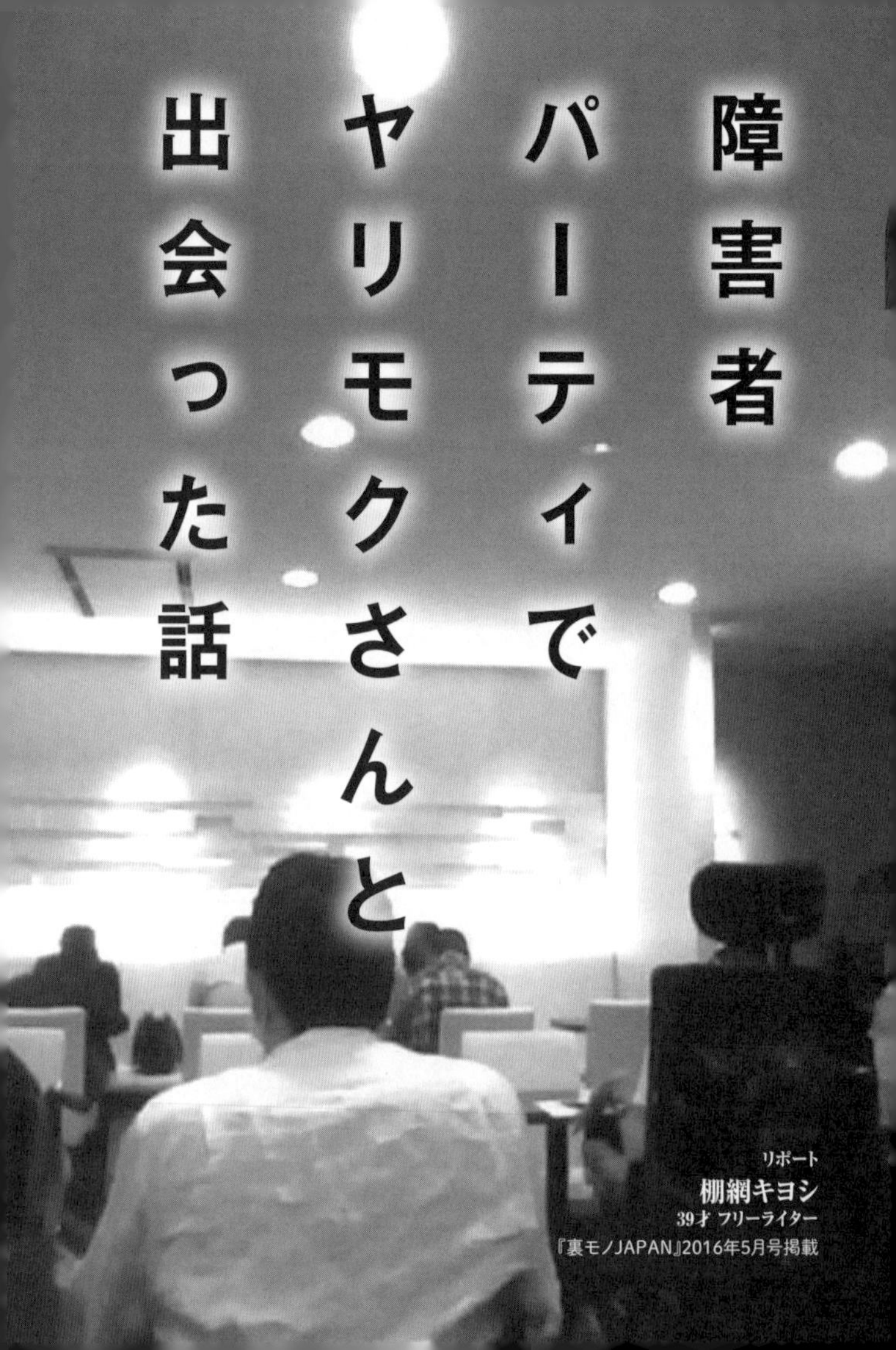

障害者パーティでヤリモクさんと出会った話

リポート
棚網キヨシ
39才 フリーライター

『裏モノJAPAN』2016年5月号掲載

障害者限定の出会いパーティが、全国の主要都市でほぼ毎月のように開催されている。異性と恋愛がしたいし、セックスだってしたい。そんな障害者男女たちのための場だ。参加資格は、独身の障害者に加え、〝障害者に理解のある人〟も含まれている。つまり、俺のような健常者でも理解さえあれば参加できるのだ。

理解とは何だろう。と、少し考えてみた。そしてすぐ考えるのをやめた。健常者、障害者を問わず、女と出会いたいという気持ちがあるならば、参加資格ありと考えていいはずだからだ。あえて区別することなく、己の欲求を相手に伝える姿勢こそが正しい〝理解〟だろうとも思う。

それなら、障害者限定パーティにこだわるのもオカシイじゃないかと思われるかもしれない。

確かにそのとおりだ。正直に言うと、俺にはちょっとした勝算がある。

障害者は自由に出会いの場に行けないだろうし、恋人を探すのは現実的に難しそうな気がする。つまり飢えているんじゃないかってことだ。そんなおいしい状況、放っておくのはもったいないんじゃないか?

一緒に笑っていいのかどうか

ネットから予約を入れ、会場に向かった。

開始時間の少し前に会場のオフィスビルに入ると、エレベータの前で車いすの女性が待っていた。参加者だろうか。ここに来るだけでも大変そうだな。

会場入り口で受け付けを済ませて中へ進む。ズラリと並んだ小さなテーブルの前には、すでに大勢の男女が座っていた。それぞれ40人はいるか。

全体のおよそ3分の1の男女が車いすに座っていて、背丈が極端に低かったり、手足が短かったり、身体全体がひん曲がった重い障害の人も確認できる。

その後ろには介助者と思しき人も立っていて、皆その介助者と雑談してるのだが、モゴモゴと何を言ってるのかまったくわからない人も。おそらく脳性麻痺だろう。

でも全体の4割ほどは健常者に見える。意外と俺のような立場の人間だろうか。

競争率が高そうな気がしてきた。

「それでは、ただいまよりパーティを始めます」

司会者が説明を始めた。

参加者の移動に時間がかかるため、一対一のトークは2分間だけ。しかも話せるチャンスは一度しかないらしい。わずか2分のトークだけでいきなり告白タイムに突入するわけだ。

さすがにたった2分で心をつかむのは難しいだろう。とりあえず、女性全員に自分の連絡先を渡し、返信が来たらメールで関係を作っていく作戦にしようか。

「それでは目の前の方とご挨拶をして、トークを始めてください！」

司会者の号令とともに、参加者たちが一斉にしゃべり出した。

「はじめまして」

「はじめまして。よろしくお願いします」

俺の目の前に座った女性は、ぱっと見、30代の女性だ。外見的な特徴はなく、プロフカードにも障害についての記述はない。

「何か障害をお持ちなんですか？」

「私は精神の方ですね」

「というと、躁鬱とかそういう感じですか？」

「統合失調症とか、ですね」

なるほど、精神系の障害もあるのか。統合失調症は薬さえ飲んでいれば、普段の生活は特に問題ないと聞いたことがある。

「薬で抑えられるって聞きましたけど」

「そうですね。私も飲んでて、今は安定してますね。棚網さんはどうしてこの会に来られたんですか？」

「友人に重い障害を持ってるヤツがいまして、そいつがここを教えてくれたんですよ」

「あーなるほど」

あらかじめ考えておいた理由で納得してくれたようだ。ここでタイムアップ。

「一応、連絡先を書いたので」とメモを渡して隣の席に移る。

お次は背が低く、手足も短いアンバランスな体型の女性だ。

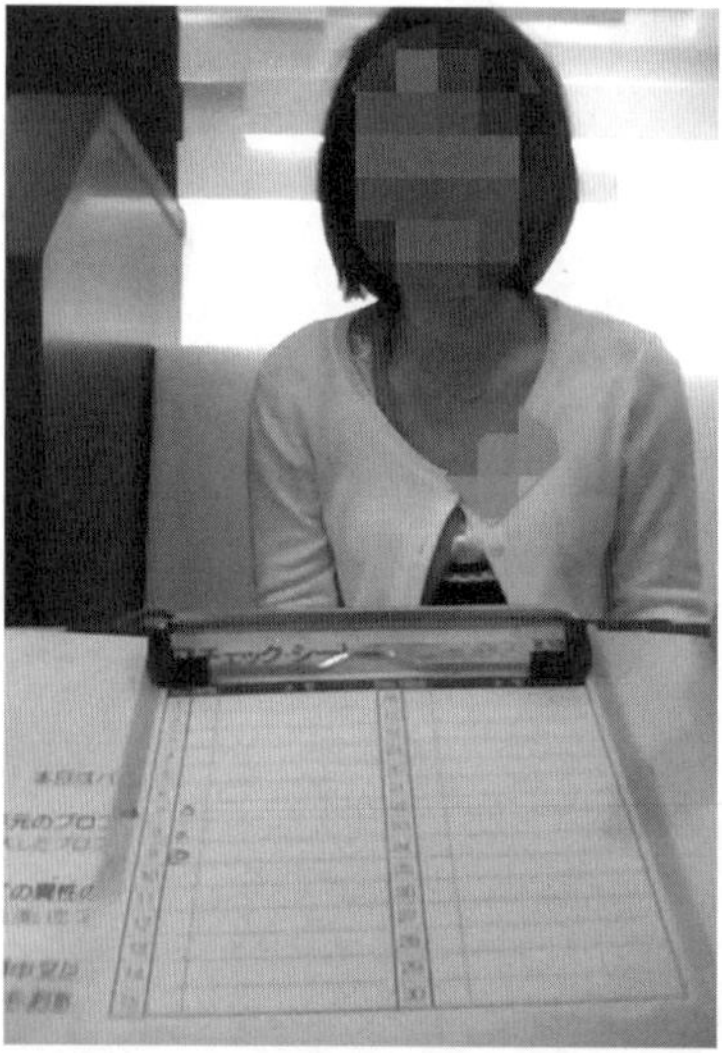

「どうもはじめまして」

「はじめましてー」

プロフには「軟骨異栄養症」の文字が。

聞いたこともない病気だ。

「あの…、この軟骨いえいよう…というのはどういうものなんですか?」

「軟骨異栄養症ですね。背が伸びないんですよ」

何年か前に、延長手術をして脚だけは長くなったが、手は短いままで生活してるそうな。

「いまは一人暮らしですか?」

「そうですね。普段の生活は高いところに手が届かないぐらいで、特に困ることはないので。あはは」

彼女は笑うが、一緒に笑っていいのかどうか迷ってしまう。

お次の女性は、横に松葉杖を立てかけた若い色白美人さんだ。

「どうもはじめまして」

「はじめまして」

彼女は数年前に交通事故で首と腰の骨を骨折し、普通に歩けないほどの麻痺や痛みの症状が残ってしまったらしい。あまりの痛ましい話に気の利いた返しもできず、連絡先を渡してタイムアップとなった。

さすがに筆談で2分は短すぎる

この後、健常者の女性3人と話してから（つまり理解者同士）、躁鬱病の美人さん、抑鬱症の不美人さんと、精神系の障害を持った女性がつづいた。

その次は、若いのかおばさんなのかわからない顔をした天然パーマのお姉さんだ。30才らしい。

「どうもはじめまして。あ、フリーライターさんですか。格好いいですね」

「いや、たいした仕事はしてないんですよ」

話が盛り上がり、障害の話を振ると、

「わたし、軽度知的障害なんですよ。あとＡＤＨＤとアスペルガーも」

「ほう」

「なので、実はさっきのフリーライターっていうお仕事とかも、よく理解できてないんですね」

「あ、そうなんですね」

さっき「格好いい」って言ってたのは何だったんだ。拍子抜けしてしまう。

今度はホワイトボードを抱えた30代の女性が現れた。聾唖の女性だ。

ボードにサインペンで「初めまして」と書いてこちらにボードを手渡し、こちらも「はじめまして」と書いて見せる。

趣味についての質問がきたところでタイムアップ。さすがに筆談で2分は短すぎる。

続いて言葉が不明瞭な30代の女性だ。

「どうもはじめまして」

「はいめまひて」

脳性麻痺らしく、半身麻痺と言語障害が出ていて少々引きつったような顔をしているが、

十分キレイだと思う。車いすを使わずに歩ける程度の状態らしい。

「いまは、りっか（実家）に、住んでますけろ、ひおり（1人）で、せいかつ、できまふよ」

かなりタイプな顔だけど、遠方にお住まいとのことなので関係を続けるのは難しそうだ。

お次は車いすの女性で、後ろに介助役の女性も立っていた。

「どうもこんにちは」

明るい声の美人さんだ。どんな障害なんだろう。

「脳性麻痺っていう障害なんですけど、おわかりになりますか？」

下半身にだけ麻痺が出るタイプのようだ。

「わかりますよ。知り合いにいますんで。そいつも言語障害はないし」

「私の方が年上ですけど、その辺はどう思われますか？」

「あ、年上なんですか？　見えないです

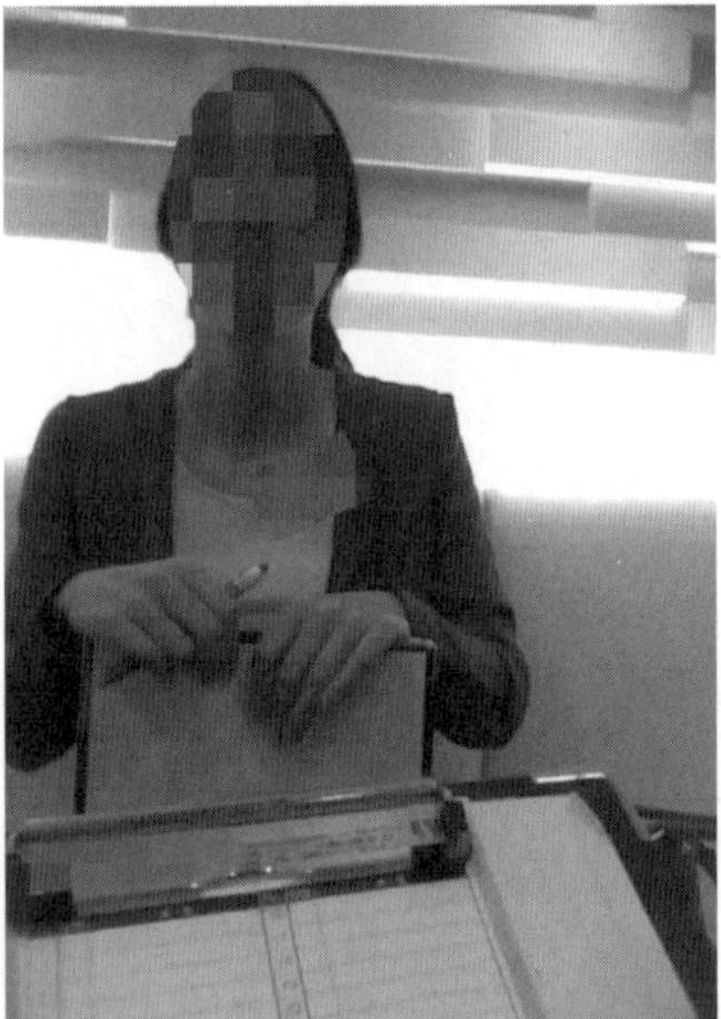

ね。問題ないですよ」

彼女、40才だった。30代前半ぐらいに見える。と伝えたところでタイムアップだ。

その後も、精神系疾患の女性が数名、軟骨無形成症（こびと症）、介護者が通訳をしないと会話できないレベルの脳性麻痺の女性などと話して、回転タイムは一周した。

最後に、投票カードに気に入った女性の番号を書いて提出。ダントツで可愛いかった躁鬱の女の子や、事故で麻痺の残った子の番号を書いたが、結局、誰ともカップルにはなれず。

まあいい。全員に連絡先を渡してあるので、返信を待ってみよう。

部屋に上がり込めるってことか？

その日の夜、3人の女性からメールが届いた。

1人は介助者がいないと話せないほど重度の脳性麻痺の女性。

2人目は、知的障害があると言っていた女性。

3人目は、年上を気にしていた脳性麻痺の女性だ。

さすがに介助者がいないと会話もできない人と関係を作るのは難しそうだし、2人目の知的障害の女性は、遠距離さんなのでパス。

というわけで、必然的に3人目の脳性麻痺さんにターゲットを絞ることになった。彼女から届いたメールがこちらだ。

○……女　●……俺

○『こんにちは～。今日婚カツで少しお話した○番の長瀬麻美（仮名）です。メルアドもらったのでメールしてみました。今日の婚カツはどうでしたか？　私は初参加だったので、訳がわからず終わった感じです』

●『メールありがとうございます。今日はお疲れ様でした。あんなに一瞬しかお話できないなんて思いませんでしたね。よかったらまたお話してみたいです。お住まいは○○でしたよね？』

○『本当に話す時間が一瞬で、顔と名前が一致しませんね。私は○○で1人暮らしをしています。私も会ってお話したいです』

早くも会えるみたいだ。彼女、麻美さんは、現在、国からの補助金だけで暮らしているそうで、仕事はしておらず、時間はいつでも作れますとのことだ。

その後、何回かのメールで、彼女が住む家の近くにバリアフリーの居酒屋があるとの話になり、そこで夕飯を食べることになった。

『あと、お願いがあるんですが、帰りはお部屋まで送ってもらうことは可能ですか？』

歩けないので、いつも外出するときは、前もってヘルパーさんに予約を入れて介助してもらっているらしい。

約束の日は、外出のときにヘルパーさんにお願いして、帰りは俺の介助で部屋に入る段取りとなった。これって、最初のデートで彼女の部屋に上がり込めるってことか？

40才にして2人だけは少ないな

約束当日、待ち合わせの駅前に車椅子に乗った彼女が待っていた。

「麻美さん、こんばんは」

「あ、こんばんはー」

「バリアフリーの居酒屋なんてあるんですか？」

「あの、そこにエレベータのあるお店があって、前にも入ったことがあるんで」

ということなので、彼女の車椅子を押して店へ向かう。店長さんに車椅子だと伝えると、すぐに入り口近くの席を用意してもらった。

「お酒は何が好きなんですか？」

「あ、お薬も飲んでるのでお酒は飲まないようにしてるんですよ」

仕方ない、ウーロン茶とビールで乾杯だ。

かるく世間話をしたところで、改めて彼女の身体の状態について尋ねてみた。

「脚はどういう状態なの？　痛くはないんでしょ？」

「あ、痛みはないいんだけど、麻痺してて自分で動かせないいんですよ」

両脚の筋肉が強ばって歩くことはできないが、部屋では手を使えば移動できるし、手で捕まる場所さえあれば、伸ばした脚を突っ張るようにして支え、立つこともできるらしい。

「だから部屋の中では、お風呂とかも棚とかを掴んで移動する感じかな」

「へえ。あのパーティは初めて参加したって言ってたよね？」

「いつもお世話になってるヘルパーさんが教えてくれたんですよ。あの日も横にいた人なんですけど」

「麻美さん、男の人とお付き合いしたことは？」

「あー…、はい。だいぶ前だけど、介護士の人もいました。ハハ」

彼女の恋愛経験は過去２人だけ。見た目も悪くないし、話した感じも普通にコミュニケーションが取れるのに、40才にして２人だけというのは少ないな。長く続くタイプなのかな。

彼女は映画を観るのが趣味らしく、互いに過去に観た作品の話で盛り上がり、あっという間に終電間際の時間になってしまった。

「そろそろ部屋に戻った方がいいんじゃない？」

「あ、ホントだ。こんな時間」

これから彼女を部屋まで送り届けたら、俺は家に帰れない時間になる。必然的にお泊りの流れだな。ラッキー。

「今日だけの関係でもいい？」

彼女の部屋は、ごく普通の古いアパートの一室だった。

玄関に高い段差があって車椅子では絶対に入れないので、介助者がいったんドアを開け、車椅子から彼女を抱え、部屋の中に降ろさなければならない。最後に、車椅子を畳んで玄関脇の所定の位置に置いて終了だ。小柄な女性とはいえ、初体験の俺にとっては結構な重労働だ。

「ありがとうございます。お茶でも飲んでいきます?」

「うん、いただいていこうかな」

すでに終電ギリギリ。彼女にもその時間は伝えてあるので、いま俺が部屋に上がれば、泊まっていくことになるのはわかっているはずだ。

器用に両手を使って、ズリズリと脚を引きずるようにして進む麻美さんに続いて、部屋にお邪魔する。

6畳1Kのアパートの中は、想像以上に普通の部屋だった。キッチンには冷蔵庫があり、奥の部屋にベッドとテレビとハンガーラック。ベッド脇に身体を支える金属製の取っ手がついてるぐらいで、キャラクター柄のクッションや、小さなドレッサーもある一人暮らしの女性の部屋って感じだ。

「お料理とか掃除はヘルパーさんがやってくれるから、普通に使えるようにしてるんだよ。あ、お風呂も使っていいからね」

やっぱり、俺が泊まることは決定してるみたいだ。じゃお先にお風呂借りますよ。

風呂場には頑丈な取っ手と背の高い椅子が置いてあった。手が使えるので風呂も自分で入れるらしい。

2人ともシャワーを浴び終え、スエットパンツを借りて、一緒のベッドに入った。無言のまま、キスをしようと覆い被さったところで、彼女が口を開いた。

「棚網さん、お付き合いできなくてもいい？」

え？

「今日だけの関係でもいい？」

はぁ。彼女、ヤリ目的で会ってくれたってことなのか。

「私、束縛されるのとか苦手なんだよね」

「うん、わかった」

いつも、付き合うかどうかはヤっちゃってから考えるほうなので、この宣言はむしろありがたいと言うべきか。

手と口で、ゆっくりやさしく攻めていく。薄手のスエットシャツをめくると、かなり大きめな干しブドウ乳首が現れた。舌を使って周りから攻めていき口の中にパックリ含む。

車椅子の参加者が目立った

「はあぁ～～…」

長めの吐息が漏れた。同時に干しブドウが大豆ほどに膨らんでいく。

男とこういう感じになるのはかなり久しぶりなのか、顔を赤らめて股間もビショビショ。だいぶ興奮しているようだ。

ボサボサの陰毛をかき分けて、お尻まで垂れたヌルヌルを指ですくいあげるように割れ目を攻めつつ、ツルりと中に指を入れてみると、キツ目の締まり具合が確認できた。

彼女の股間の位置まで下がり、脚を拡げようと思ったが、脚の筋肉が強ばっているのでうまくいかない。ならばと両脚をほぼ真上に伸ばした状態でクンニ開始。

「ん、ああ…あ」

自力で起き上がれないので、彼女の顔の上にまたがるようにして、口元に勃起チンポを持っていき、フェラをさせたが、慣れてないのか前歯がガツガツ当たるので、30秒ほどで終了だ。そろそろ入れちゃいましょう。

体位は脚を伸ばした正常位、屈曲位、側位の三つのみ。まずは屈曲位でキツ目のマンコに入れ、脚を抱えながら腰を動かしてみたが、どうにも彼女がツラそうだ。

結局、脚伸ばし正常位が一番安定することがわかり、どうにかお腹の上に発射と相成った。

正直テクはないけど、いかにもエッチに慣れてないって感じは、かなりエロかった。

★

翌朝、起きてすぐに、彼女の部屋から仕事に行くと、携帯にメールが届いていた。
『お仕事間に合ったかな？　昨日は楽しかったよ。これからは普通の友達でね！』
ずいぶんあっさりしたもんだな。俺が下手クソだったからか？

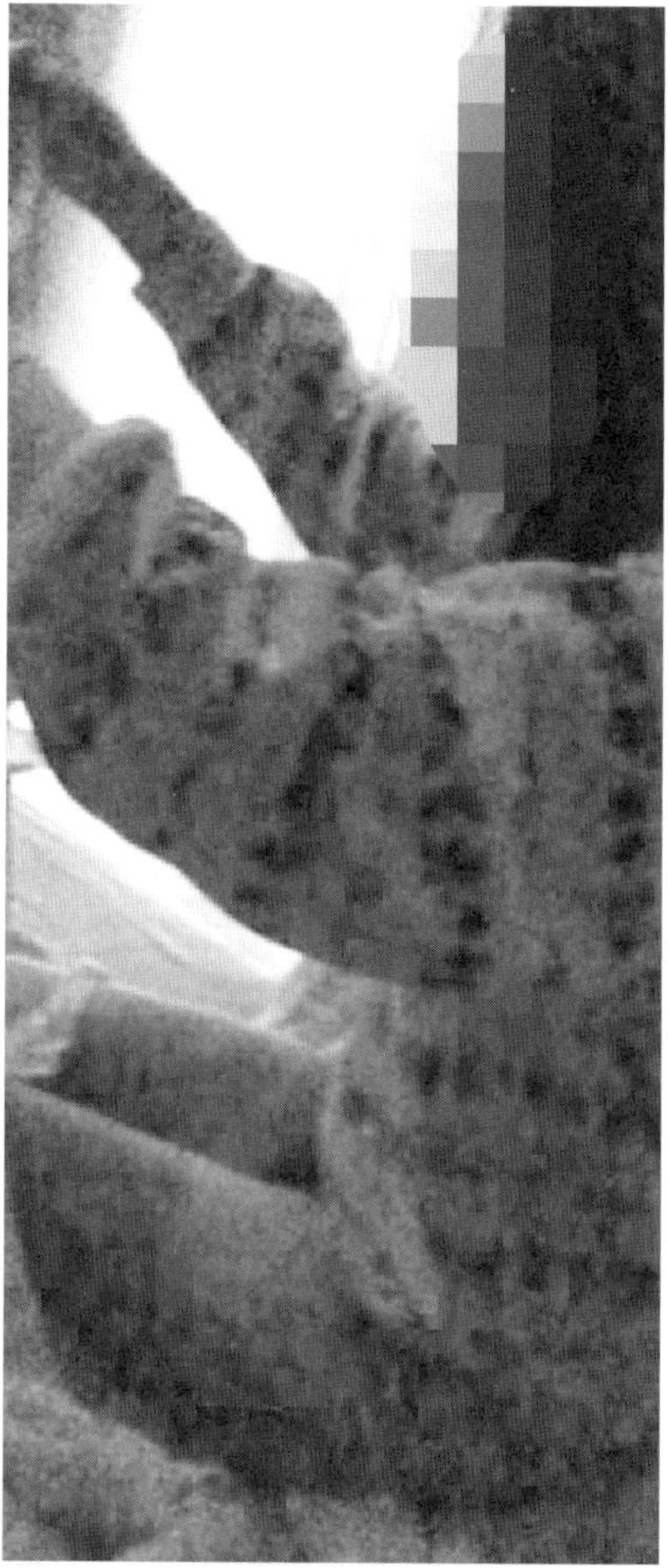

泊まった翌朝。ヤリたかっただけってことだよな…

舐め犬クニタです。あれからクンニさせていただいた素敵な6名様を紹介します

以前に裏モノJAPANで連載をしていた国田と申します。知らない人も多いと思われますので、改めて自己紹介を。

僕のライフワークはクンニです。正確に言えばクンニ道具として、女性からぞんざいに扱われることに喜びを感じる男ですね。

『クンニ大好き！　ドMな国田の大冒険』というブログをやっていまして、それを見た女性から舐め犬（クンニ道具）の依頼がくれば、馳せ参じてクンニ奉仕を

リポート
国田くにお
30代後半 会社員

『裏モノJAPAN』2015年10月号掲載

させていただく。これが我が人生の核となっております。

挿入に関してまったく興味がないのも僕の特徴でしょうか。２０１４年５月号で終了した連載以降も、もちろんそのスタンスは変わっておりません。

今日はこの1年半ほどでご奉仕させていただいた、素敵な6名様についてお話させていただければと思います。

19才 JD様

昨年の秋、ブログ経由でこんなメッセージが届きました。

〈興味あります。お金ってかかるんですか？〉

併記されたプロフによれば女子大生様とのこと。

このように、僕のクンニ奉仕を商売と捉えて不安がる女性は多くいらっしゃいます。もちろんそんなつもりは毛頭なく、使っていただけることに喜びを感じるだけの男ですので、タダに決まっているのですが。

そんな返答をした後、とんとん拍子で待ち合わせが決まりました。学校帰りのＪＤ様とお会いするべく、某ターミナル駅へ。

やってきたのは可愛らしいという言葉そのままのお顔立ちをされた、活発な雰囲気の女性でした。

「国田です。今日はよろしくお願いします」

「…は、はい」

特に言葉を交わすでもなく、目的のカラオケルームに向かい、受付でフリータイムの申告をします。本日はこの一室で御奉仕させていただくのです。

注文したドリンクが届いてからＪＤ様が、ドアの外から覗かれない死角に動き、そのままスカートを脱ぎ始めました。「御奉仕させていただけるんだ」との高揚感が溢れてきます。

ＪＤ様の座る足のあいだに失礼し、お互い無言のまま、露になった股間に舌を近づけます。すぐにたどりついた陰毛をかきわけ、クリトリスを静かにひと舐め。ふた舐め。

ＪＤ様は特に反応なさることもなく、クンニ道具である僕をよそ目に、カラオケのリモコンに手を伸ばします。

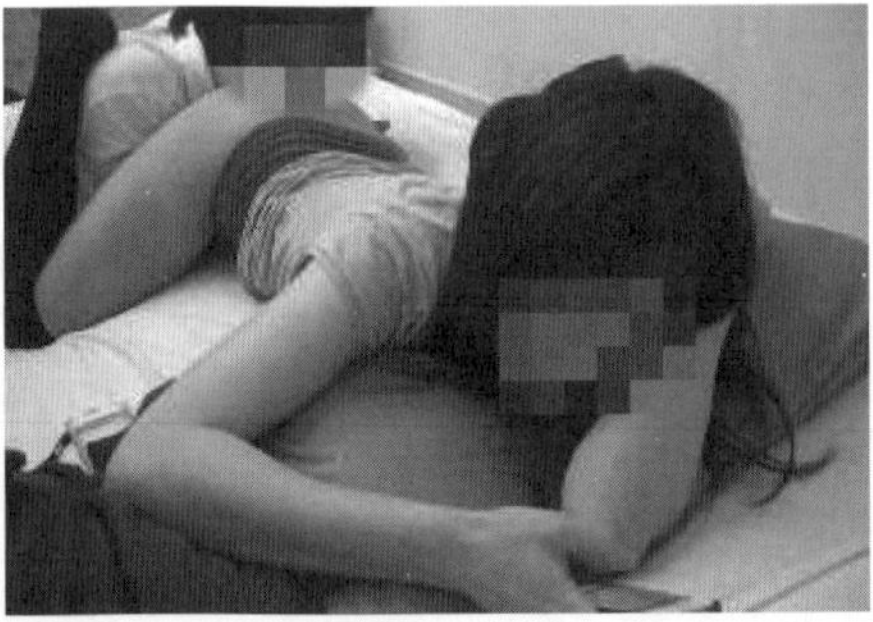
クンニルームにも来ていただきました

まもなくして音楽が流れてきました。関ジャニ∞のなんとかいう曲です。

まるで僕などいないかのように関ジャニの曲に没頭するJD様（唄いはしない）。圧倒的な立場の差に胸がぞくぞくしてきます。

JD様は次々とジャニーズの曲をBGMに選び、ときおりスマホをいじっていらっしゃいます。僕はといえば舌遣いに大げさな変化を加えることなく一定のリズムで御奉仕を続けるばかりです。

途中でトイレ休憩などを挟むこともなく、腕時計を見れば5時間が経過していました。

JD様の反応や位置取りは、クンニしはじめたときから何も変わることはありません。僕に向けての言葉はなく、僕も何か話しかけるなんて無粋なことはしません。この空間に自然に存在する舐め犬。ただそれだけです。

終わりは突然やってきました。

「あの、そろそろ帰りますね…」

店を出て駅までお送りしたところでメールが届きました。

〈ありがとうございました。本当はもうちょっとしてもら

「もうちょっとグリグリしてください」と言われて

いたかったんですが、今日はこのぐらいにしておきます（笑）〉

嬉しいお言葉です。

ＪＤ様とはそれから２週間後、さらにその１カ月後といった具合に不定期でお会いしています。

21才 処女様

元日テレアナウンサーの夏目三久さんによく似た女性と出会ったのも昨年の秋でした。

事前にいただいたメールによれば、アニメ好きの彼女はただの一度も彼氏ができたことがないとのこと。処女様とお呼びするのが適当でしょう。

処女様とは私の自宅・通称クンニルームの最寄り駅で待ち合わせました。ご本人はあまりに素敵で整ったビジュアルで、目がくらくらします。

軽い会釈を交わしてクンニルームに向かい、到着するやいなや、処女様がイスに座ります。

「これブログで見たやつですね」

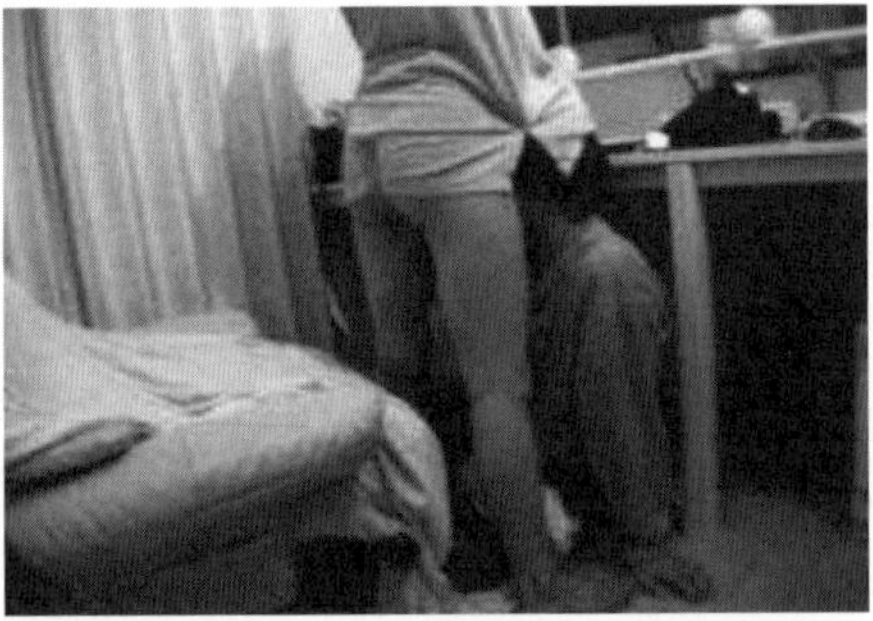

最近は立ちクンニもお好みとのこと

そう、これは僕のブログ写真にたびたび登場するクンニチェアです。ここに腰かけていただき、足の間に僕が潜って御奉仕するのが定番のスタイルなのです。

処女様は一度座ったイスから立ちあがり、ヒラヒラのスカートとパンティを脱いで再び腰かけました。空気感で「早く舐めなさい」と言ってくれてる気がします。

処女であれば当然、秘部を舐められた経験もないことでしょう。薄めの陰毛に舌を這わせるだけで異常な緊張感が走ります。ですが緊張しているのは僕だけだったようで、クリトリスや大陰唇に舌が触れても、処女様は特別な反応は見せません。

それどころか、スマホを触ったり、ときにはテレビを点けて画面に見入ったりと、堂々たる奉仕のさせぶりです。そのギャップにM心が刺激されます。

ほのかに香る尿の刺激臭と、アソコ自体が放つ淫靡なフレグランスを存分に口の中に感じながら、淡々と奉仕するうち、夕方にスタートしたはずが、いつしか窓の外は暗くなっていました。3時間ほど経ったのでしょうか。

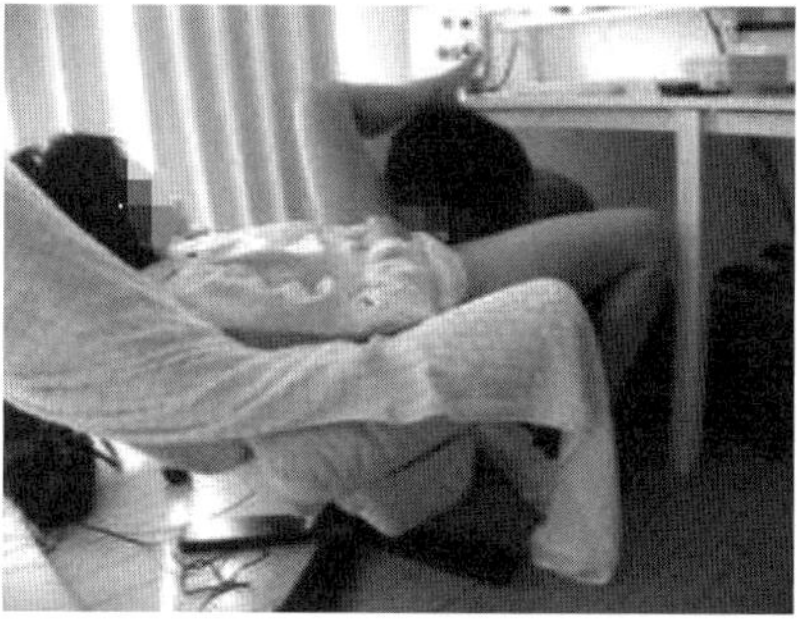
いつまでも性処理道具としてお使いください

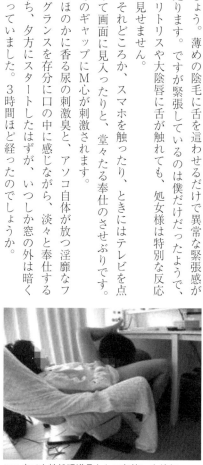

「そろそろ帰らなきゃいけないので、大丈夫です」

至福のときは急に終わりを告げました。ですが、帰り支度をする処女様が言うのです。

「明後日またお願いできますか？」

「はい、もちろんです」

わずか2日後の予定をいただけるとは。心の中でガッツポーズを決めます。

処女様とはそれ以降現在まで、10回以上お会いしたでしょうか。いまでも処女のままでいらっしゃるようです。

「国田はただのクンニ道具として割り切ってるからさ。これからもよろしくね」

こんなあたたかいお言葉に涙が出そうになるんですよね。

22才 JD様

〈時間あるときに使ってみたいんだけど〉

昨年の12月、短文でのご依頼メールをいただきました。サド的であろうキャラクターが集約された文章に心が震え

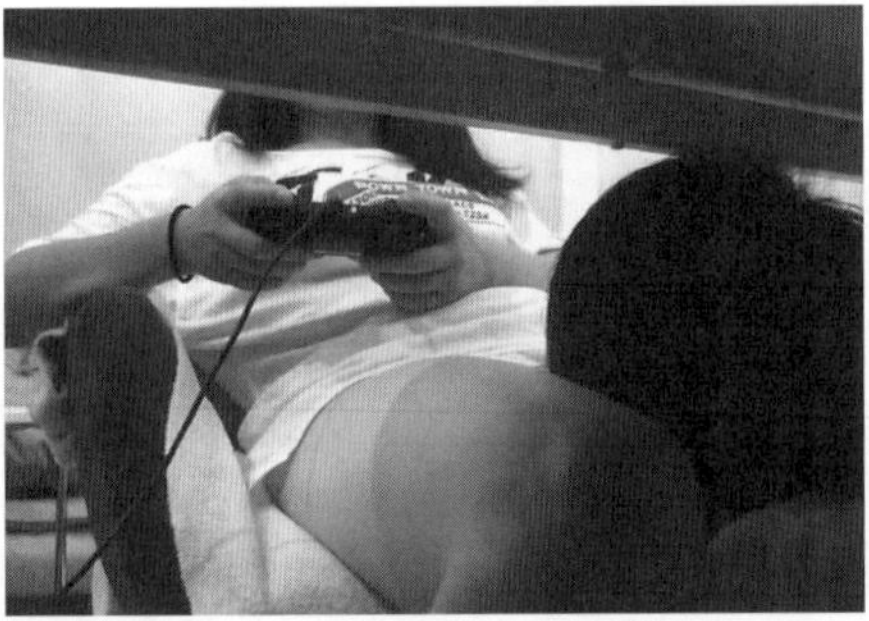

プレステのゲームをしながらおくつろぎに

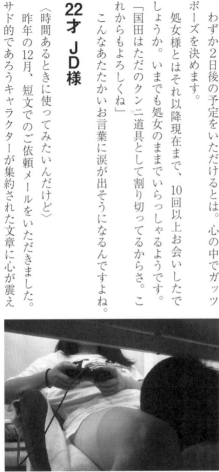

ます。

よろしくお願いしますと返信。この22才の女子大生様は実家住まいとのことで、翌週末の夕方にクンニルームに来ていただくことになりまいた。

待ち合わせ場所にやってきたのは、小動物系というか、愛くるしい笑顔が素敵なＪＤ様です。

「国田？　なんかイメージどおりの顔だね」

「よろしくお願いいたします」

クンニルームへの道中でＪＤ様の日常が垣間見えます。

「いま就活でさぁ」

「けっこうお忙しいんじゃないですか？」

「そうなんだよね。だから性処理に来たってわけなんだぁ」

所属するサークル内での恋愛など、彼氏やパートナーには事欠かないというＪＤ様。

「でも男ってやっぱり舐めるのキライな人多いよね。その点クニタは貴重かも」

ブログを見ていただいて多少の期待をしてくださっているのでしょうか。ありがたいことです。

クンニルームに到着し、クンニチェアにドカっと腰かけるＪＤ様のズボンを脱がします。

すでにケータイ片手にテレビに夢中のご様子です。

「失礼いたします」

真心をこめて舌を股間に伸ばします。甘酸っぱい香りに鼻を刺激され、僕はこれからクンニ道具として使われるという事実に喜びが溢れます。

最初こそ「んっ、んっ」と吐息を漏らしたＪＤ様ですが、すぐに僕のことなど忘れてテレビに没頭なさっています。

しばらくすると片足をテーブルにかけられました。無言で「もっと深く舐めろ」とおっしゃっているようです。ご期待に沿えるよう、首をぐいっと股間に近づけ、舌全体を使って御奉仕します。

そのときでした。

「んふっ、んんっ」

やや大きめな吐息が漏れています。ちょうどクリトリスを舌先で転がしたところでした。

「んふっ、んふっ」

きっとココがＪＤ様の好きなポイントなのでしょう。あ

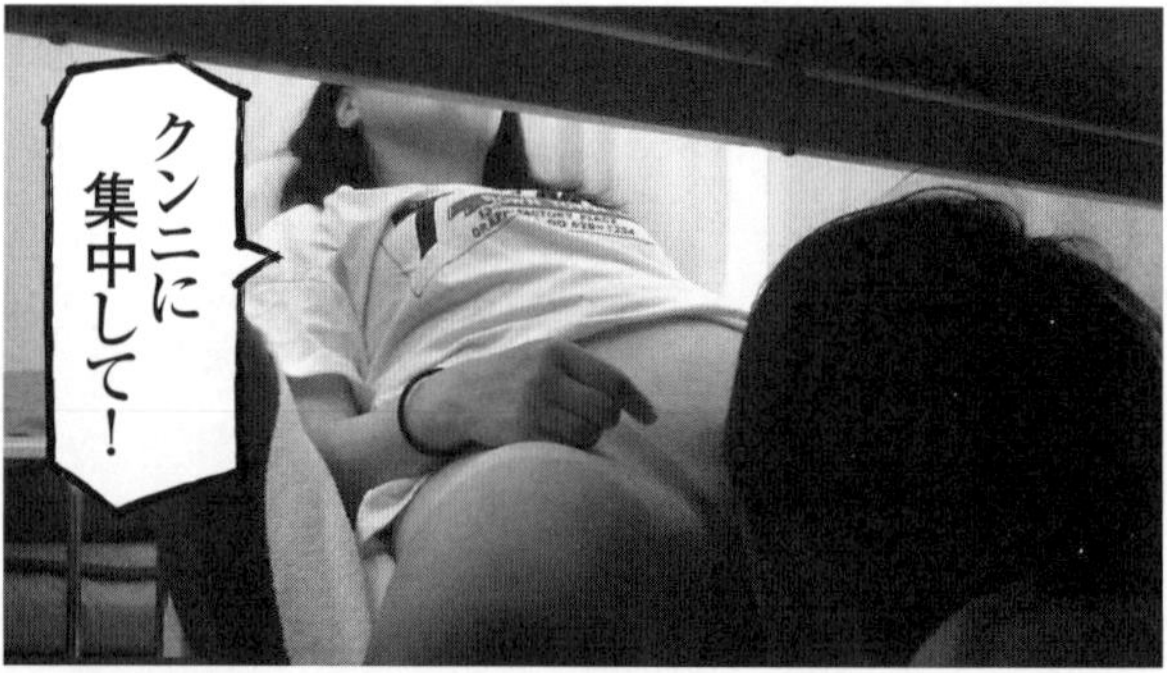

まり強くすることなく、そのままのペースでポイントを突きます。

しばらくその流れが続き、およそ2時間が経ったころ、僕の耳にテレビのバラエティ番組が聞こえてきました。芸人がギャグをやっています。

舐めながらも思わず噴きだしてしまいました。ハッと我に返り、また御奉仕に専念するのですが、再びその芸人のギャグで笑いをこぼしてしまいました。クンニ道具としてはあるまじき行為です。

「集中して」

JD様が手元のリモコンでチャンネルをニュース番組にチェンジしました。お怒りのようです。

失態を取り戻すべく、さらに道具としての集中力を研ぎ澄ませ、JD様が終電でお帰りになるまで御奉仕させていただきました。

27才 医療事務様

いつものようにメールチェックをしていた4月、ピコン、と新規メールが届きました。

〈これからっていける?〉

送り主は2日ほど前にご連絡をいただいていた、医療事務のお仕事をされている女性です。

まるで居酒屋の予約みたいなメール文面に、僕の脳内には「喜んで！」と、さながら店員のような掛け声がこだまします。

彼女の職場付近の駅で待ち合わせ。やってきたのはグラマラスなスタイルがまぶしい、色っぽい女性です。

「近くにマンキツあるからさ、そこでお願い」

漫画喫茶でのクンニ御奉仕。僕の経験では、ちょっとした難があるのですが…。

入店したところ、その予感が的中しました。案内されたカップルシートはフラットタイプ。部屋の狭さも相まって、クンニには適さない空間です。

すかさず店員にお願いします。

「これじゃなくて、ソファタイプの部屋ないですか？」

運良く希望の部屋があるとのことで一安心です。

新しい部屋に入り、まずは備え付けの毛布でトビラを目隠し。医療事務様がパソコンと正対するように座り、僕がパソコンの下の空間にもぐりこみます。マンキツクンニはこの形が

これがマンキツクンニの基本スタイルです

ベストなのです。

さっそくスカートをめくり、パンティを脱いでいただいてクンニ御奉仕です。お仕事帰りということもあってか、適度なムレが顔全体にまとわりつきます。

「音が聞こえないようにね」

医療事務様が小声で指示してくださいます。隣や、他の個室にバレてしまってはいけないので当然の配慮です。

テレビを見るでもなく、目の前のパソコンに触るでもなく、医療事務様は僕の奉仕をじっと見つめながら、リラックスしているご様子です。なんせ5時間パックで入店したのでまだまだ先は長い。僕としては5時間どころか永遠に続いて欲しいひとときです。

2時間ほどが経ったころでしょうか。

「トイレ行ってくる」

パンティを履き、トイレに向かう医療事務様。しばらくしてお戻りになり、同じ体勢でクンニ再開です。

「あのね、おしっこ拭いてこなかったからキレイにして」

まるで心が読まれたかのような錯覚に陥ります。M心は伝わるものなのかもしれません。

わずかにしぶきの付着した陰毛を口全体に頬張り、陰部すべてを舌でキレイにキレイに。

舐め犬冥利につきます。

いつの間にか時間が過ぎ、医療事務様の「足りないからもっとね」のお言葉により、1時間の延長が決定しました。

この夜以降、メールのやりとりは続けているものの、なかなか会っていただける機会はありません。ときどき送ってもらえる写真を見て、あの陰毛に付着したおしっこの味を思い出す日々です。

26才 ナース様

〈今週末どう?〉

〈ぜひお願いいたします〉

6月、こんな感じでサクっとファーストクンニの約束が決まったのが、ナース様でした。

それ以降メールのやりとりはなく、待ち合わせ場所で『もう着く』と届いた直後、ナース様があらわれました。ショートカットの良く似合う、スレンダーでスタイル抜群な女性です。

経験上この手の方は自信満々に声をかけてくることが多いのですが、今回は少し違ってい

こんなエッチな写真を送ってくださるんです

ました。

「あ、お願いします」

僕に目を合わさず、なんというかコミュニケーションをしたくなさそうな雰囲気なのです。クンニルームに向かう道中でも会話はありません。僕から「暑くなってきましたね」と振って「うん」と返ってくるぐらいです。

部屋に入り、クンニチェアに腰をおろされます。

「テレビ点けるよ」

「はい」

これまた目線は合いません。流れ出すテレビ番組に視線をやりながら、そそくさとズボン、パンティを脱がれます。

アソコに毛はありません。パイパンでつるつるです。舐め犬にとって最大限に自分の舌の動きを伝えることができる素敵な股です。

ではさっそくと近づいたところ、今度はスマホをいじりながらナース様が言います。

「立ったままましてもいい？」

いきなりの立ちクンニ。実にイレギュラーなお望みといえます。仰せのとおり、立ったま

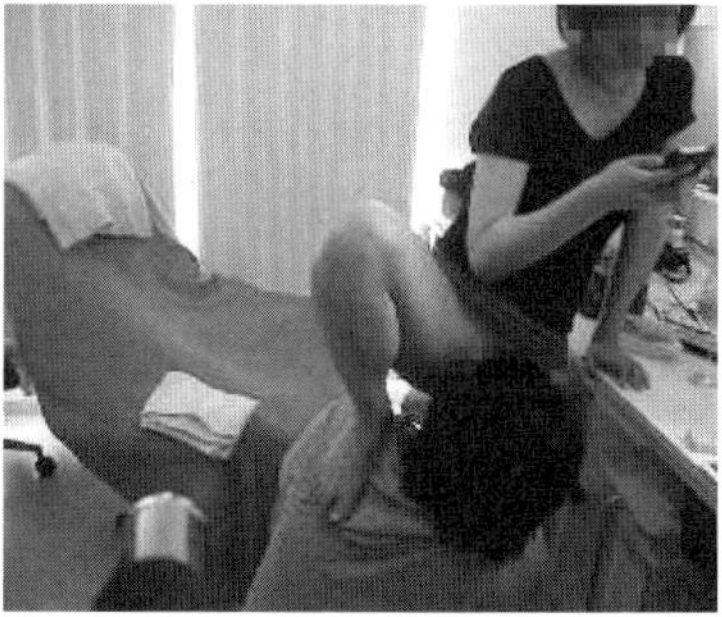

左足は僕の太ももにあります

まの足の間に顔を突っこんで御奉仕です。

すぐに頭というか髪の毛がガシっと掴まれました。この体勢がいいのでしょう。少しヒリヒリする毛根をよそに御奉仕を続けます。

1時間ほどそのままの体勢が続いたと思ったら、今度は女の子座りをする僕の両のふとももに、ナース様が登りました。髪の毛を掴むチカラもさらに強くなります。

ナース様の全体重が乗った太ももは当然、痛みます。ですが僕はただのクンニ道具。痛いなんて言うはずはありません。

十数分後、ナース様のカラダがビクビクっと震えました。絶頂を迎えていただいたようです。ようやくイスに腰かけられたので、僕はいつもの体勢で舐め続けます。

午前11時から夜の10時まで。僕としてはこれ以上ない理想の休日が終わり、ナース様はお帰りになりました。

翌日、赤くなってる太ももを見て、ナース様がここにいらっしゃったという事実を色濃く感じることができました。

何度もビクビクしていただけました

34才 キャリアウーマン様

7月末。これまた「週末お願いね」「はい」といった具合に待ち合わせることになったのは34才のＯＬ様です。

やってきたお姿を見て驚きを隠せませんでした。何しろ、テレビドラマに出てくる篠原涼子みたいな、どう見てもキャリアウーマンといった見た目なのです。その美貌なら、どんな仕事でも上手く進めてしまうのではないか。そう思わせるほどのビジュアルです。

「じゃあ行こうか。そこのホテルでいいよね」

「はい」

「ふーん。今日はよろしくね」

僕が問いかけるでもなく、キャリアウーマン様はお勤めの超有名企業の名を教えてくれました。優秀な大学を出た男の部下を抱え、大プロジェクトを牽引する役割であるとも。

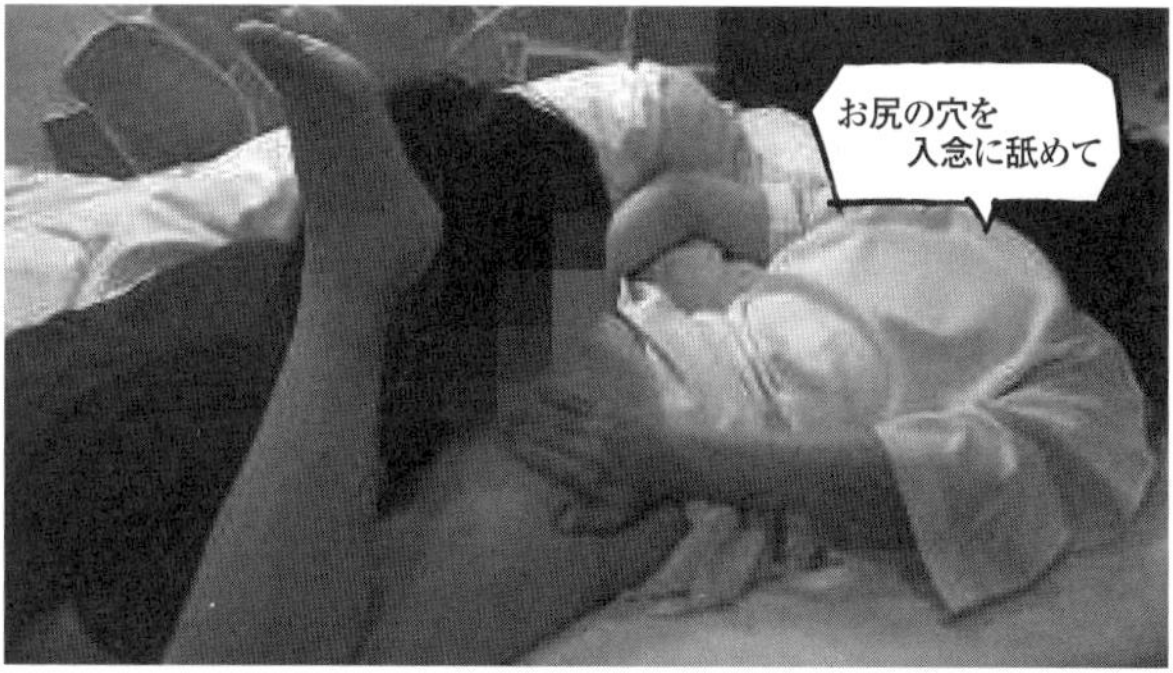

お話を聞きながら、自分の印象が間違ってなかったことに驚きます。人間としての優劣。圧倒的な個体差。その感覚がまた、僕のM心をぐいぐい盛りあげるのです。

ラブホテルに入ってすぐに、キャリアウーマン様がタバコに火をつけました。そのまま洋服を脱ぎ捨て、ベッドに横になります。

「はじめちゃって」

うつぶせの体勢なので、お尻側から舌を伸ばします。アソコからは大人の女性らしい芳醇な香りが漂ってきます。クラクラするほどに。

「それそれ、そこそこ」

「ふぁい」

「しばらくソコを入念に舐めて」

お尻の穴にほど近いポイントです。ある種のトランス状態になった僕は、一心不乱にそこを舐め続けます。

「じゃあ次。もっと穴の周りね。あ、ビール取って？」

急いで冷蔵庫から缶ビールを出してお渡しします。タバコを吸い、ビールをあおるその姿のカッコいいこと。

なんと素敵なお姿！

「穴の周りを入念に。舌で円を書く感じね」

「ふぁい」

「もうちょっと強めに押してくれる？」

アグレッシブとはこのことで、次々とクンニの指示をしていただけます。愛液が少し出てきたので、なんとかご期待に沿えているのでしょうか。

2時間ほどが経ち、次は体勢チェンジです。

「じゃあ座るから、舌を下からちょんちょんって、穴をツンツンする感じでやって」

ああ、僕はクンニするだけの生き物なんだ。高圧的な指示に顔が熱くなります。

「ツンツンを30分したら、次はクリトリスを口に含んで吸って。ずっとだよ」

この方はお仕事中もきっと、的確な指示を飛ばすのでしょう。そしてそれは仕事の成功に結びつくものに違いありません。

そんなことを考えていたら、急に終わりのときがやってきました。

「やば、3時間経ったかー。ちょっと仕事あるから戻るね。また今度」

颯爽と駅に消えていくキャリアウーマン様。舐め犬として使っていただいた奇跡に、感謝しかありません。

婚活プロフカードに デートで したいこと ←レイプごっこ と書いてみる

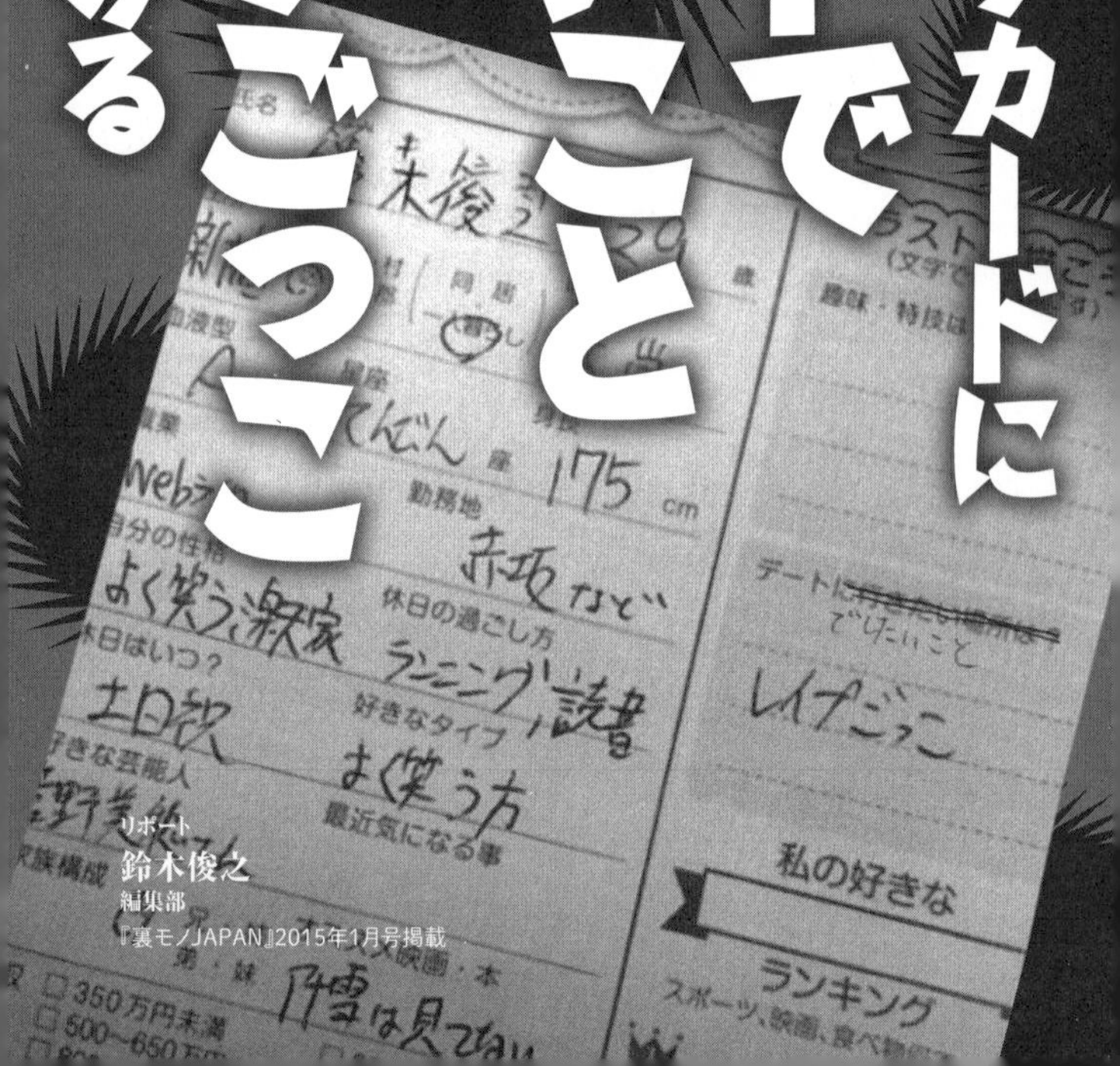

リポート
鈴木俊之
編集部

『裏モノJAPAN』2015年1月号掲載

女性誌のインタビュー記事で、「あなたのH願望を教えてください」といったものを見かける。

様々な回答があるなか、必ずと言ってよいほど見られるのが「強引に襲われるカンジが好き」というコメントだ。

実際は恋人にそんなお願いをするわけにもいかず、妄想だけが悶々とふくらんでいるのだろう。

というわけで今回のお見合いパーティ企画は、プロフィールカードにこう書くことにした。

『デートでしたいこと→レイプごっこ』

さあ、あなたの願望、かなえてあげますよ！

赤ちゃんプレイの男性は、赤ちゃんじゃないですよね

平日夜開催のお見合いパーティに足を運んだ。

「デートで行きたいところ」の項目を「デートでしたいこと」に書き直し、しっかり「レイプごっこ」と記入する。レイプはまずいけど、ごっこだから大丈夫だよな。引かないよね。

では回転寿司タイム、スタート！

1人目

髪をアップにしたおしゃれさんに、カードを渡した瞬間、最初に口を開いたのは彼女のほうだった。

●…スズキ　○…女性
○あの…カードさっき見えちゃったんですけど。
●あ、見えました？
○なんですか、この『レイプごっこ』って！　あはは！
●あ、気になっちゃったかんじですか？
○いや、なんだろうって思って。
●何だと思います？
○えー？　なんだろ？
●じゃあ、ＳＭは知ってますよね？
○うん。
●あれよりもっとガチな感じのやつですね。

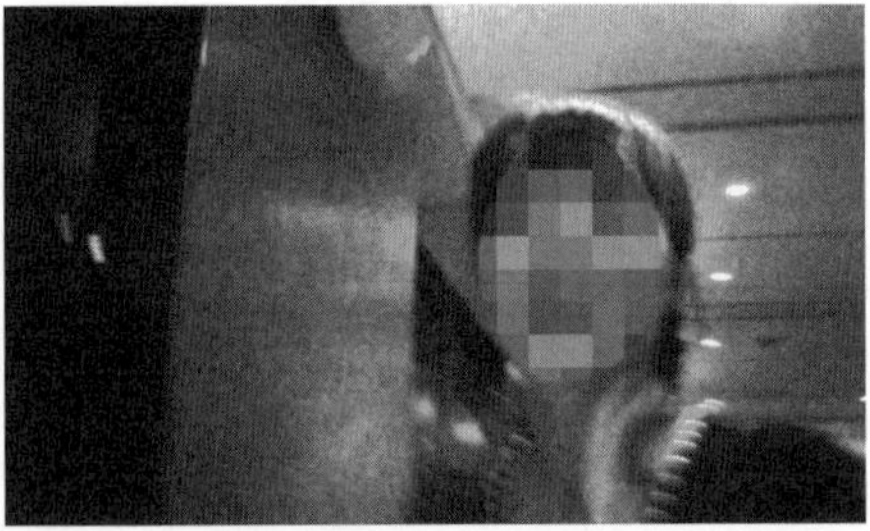

○え？　どういうの？

●手を押さえつけたり、首をギューってしたり。

○えー？　他は？　他は？

●あとは無理やり下着を剥ぎ取ったりですね。

○Sっぽい感じってことですか？

●そうそう、もちろんイラマチオとかも！

○あ〜！

いきなり凄い展開だ。ずっとセックスの話しかしてない。イラマチオに「あ〜！」って、お姉さんすごいよ！　また話しましょう。

2人目

上品なお姉さん、横浜の山手に住んでるそうで。

●いかにもお嬢様、ってかんじですね。

○いえいえ、そんなことないですよ。

●付き合ってきた男性は年上でお金持ちの方が多い、みたいな？
○いえいえ、全然！
●いやぁ、どうかなぁ。
○（「レイプごっこ」に気付く）あの、これって「デート」なんですか？
●まあ、広い意味ではそうですよね。ほら、家でまったりの逆バージョンみたいな。
○あの、これって本気なんですか？
●本気ですよ、こう見えてウソつけないタイプなんで。
○凄い人いるんですね…。

上品な話し方でドン引きされた。可能性はゼロだけど、上品なリアクションに感謝！

3人目

フィットネスクラブでインストラクターをしているという。健康的な表情が印象的だ。

●けっこうフィジカル自信あるかんじですか？
○ふふふっ、まあ、はい。
●肉体派婚活女子、みたいな？
○まあ、そんなカンジ…ですかね？
●それに迎え撃つは「レイプごっこ」好きの肉体派ドS男子、みたいなかんじっすね！
○どういうことですか？
●ほら、このカードのとこ（指差す）。
○いやあ、それは違いますねえ。
●違いませんって。
○その話、続けるんですか？

「レイプ」という文字にドン引きしてしまったらしい。話を最後まで聞けないタイプなのだろう。

4人目

スーツを着た黒髪営業レディ。AVだったら間違いなく帰宅途中にレイプされてるタイプですよ。

●よろしくお願いしまーす！
○あの…（カードを見ながら）。
●なんでしょう？
○この「レイプごっこ」ってなんですか？
●あー、説明不足でしたかね。
○レイプとは違うんですか？
●あー全然！　それは似て非なるものですよ！
○え？　わかんないです！
●赤ちゃんプレイってあるじゃないですか？　あれをしている男性は赤ちゃんではないじゃないですか？

○あー！

●わかりました？　どうですか？

○なんていうか…こういうこと書く人っているんですね…。

その後はずっと無言が続いた。説明が理解できなかったのだろうか。

5人目

年齢は34才。結婚待ったなしだ。レイプごっこしたらできちゃった結婚に持ち込まれちゃうかもな。

●はじめまして！

○…はい（カードを見つめたまま）。

●あの、今日は仕事終わりってかんじですかね？

○ええ。仕事終わりです（表情が暗い）。

●デートだったらどういうとこ行きたいですか？

○うーん、どこでもいいですかね。相手の好きなところで。
●じゃあ、家デートみたいなのは？
○別にいいですよ。
●こういうのって、どうですかね（カードの「レイプごっこ」を指差す）。
○それ、ホントに考えて書いてるんですね。
●当たり前じゃないですか！
○そういう話はできないですね。

一蹴されてしまった。さ、次いきましょう。

6人目

こちらも35才の年上女性。雰囲気的に先ほどよりは下ネタ耐性は強そうだ。

○（「レイプごっこ」に気付く）あはは！　めっちゃ面白いですねこれ！　初めてきいた！
●あ、初耳ですか？　じゃあ今日は「レイプごっこ」っていう言葉だけでも覚えて帰ってください！

○えーこういうことする人なんですか？
●いやいや「ごっこ」ですよ、「ごっこ」。
○はい。
●赤ずきんちゃんの劇をするようなイメージですよ。大人の赤ずきんちゃん。
○あー！
●ボクがオオカミで、お姉さんが赤ずきんちゃん、みたいな。
○あはは！
●わかりました？　よくないですか？
○いやあ、普通に怖いですね。
●怖くないですって。
○いや、ぜったい怖いですって！

まだレイプごっこへの不信感を拭えていないようだ。最初は笑ってたのに、マジだと知って脅えたようだ。

7人目

黒髪ロングの巨乳さん。年齢はまだ24才だ。

○（カードを見ながら）スズキさん…もっと年上だと思ってました！　まだ20代なんですね！
●あ、そうなんですよ。
○あーA型なんだ！　だと思った！（カードの項目を順番に見ているようだ）。
●あ、そう見えますか？
○え…（「レイプごっこ」の文字が目に入ったらしい）。
●お姉さんもA型なんですね！
○あ、そうです（急にリアクションがそっけなくなる）。
●趣味とか好みとか合いそうなカンジしましたもん！
○あ、そうですか？
●SとMだったらどっちですか？

○いやあ、わかんないですねえ。
●僕はSなんですよ、ほらそこにも書いたんですけど…（「レイプごっこ」を指差す）。
○……。

最初は会話が弾んでいたというのに、「レイプごっこ」の文字を見た瞬間、急にかしこまった態度を見せた。仕方がない。

「あーそれヤバい！　ヤバーい！」

続いてフリートークに突入だ。狙うは最初に話した女性しかいない。

●お姉さんが一番レイプごっこ好きな感じが伝わってきましたよ。
○えー！　ていうか、それみんな引いてませんでした？
●うーん。ていうかピンときてなかった感じですかね。
○あー。
●お姉さんはいろんなことを経験済みなんですか？
○ううん、私、恋愛経験はホントなくて、妄想ばっかりしちゃうタイプなんですよ。

●それは素晴らしいですね。僕と一緒ですよ。
○ホント？　よかった〜！
●妄想トークとかレイプごっことか、たぶん好きなものが一緒だと思うんですよ。
○あー、かもしんない！　私、ドライブとかそういうのホント興味ないし！
●家で一緒にいるほうがいい派？
○絶対そっち！　普段引きこもりだもん！
●じゃあ、このあとあいてる？
○空いてますよ！
●もうちょっと話しましょうよ、今夜は妄想ナイトって感じで。

こうして意気投合した彼女と、見事カップルが成立した。名前はユキさん。都内の某百貨店勤務だという。オシャレなわけだ。

会場を出たユキさんが明るい表情で言う。

「あー喉カラカラ！　お酒飲みたい！」

すぐに近くの適当な店に入り、とりあえず乾杯だ。

「ていうか、呼び捨てで呼んでよ。ユキって。そっちのほうが好きだから」

「じゃあ、ユキね」

「うん！」

「そういえば、ユキはけっこう妄想しちゃうタイプなんだよね？」

「そうそう！　たぶんドン引きするレベルだよ！」

「大丈夫、大丈夫。どういう妄想するの？」

「えっと…」

「なに？　壁ドン、みたいな？」

「あーそんなの全然ぬるいでしょ！」

パーティ会場でも思ったが、彼女は想像以上にハードなMらしいぞ。

「キスするならもっと強引に奪われたいもん」

やっぱり。これはけっこうハードにレイプごっこしてあげないと満足してもらえないいな。

「私、さっき言わなかったけど実はアニオタでさ」

「そうなんだ！　大丈夫、こっちも同類だから！　今

とりあえず首を絞める練習を

期は何見てるの?」

「今期はけっこうぜんぶ見てる〜」

そこから彼女は自宅に揃った同人誌の話を始めた。

「家には二百冊くらいはあるかな? 一番はなんだかんだ言って『黒バス』だよね〜」

『黒子のバスケ』と言えば、スケベな腐女子御用達マンガだ。

「どういうシチュエーションが一番高まるの?」

「登場キャラがみんなで私のこと奪い合ってて、けっこうキツい喧嘩になるんだけど、みんな仲直りして一斉にこっち向くの。それで『全部お前が悪いんだよ!』って!」

「けっこう完璧なシナリオじゃん!」

「それで強引に美術室に連れていかれて、みんなに服脱がされて…みたいのがいいの!」

「そういう同人誌あるの?」

「ないんだよな、それがっ! あったら絶対買うんだけどさ、あははは!」

さて、ドMとわかれば具体的にどのようなプレイを望んでいるのかヒアリングしておかないとな。

「さっき壁ドンはぬるいって言ってたじゃん?」

「うん」

「じゃあさ、軽く手を押さえつけられて強引にチュってされるのは？」

「あーそれヤバい！　ヤバーい！」

足をバタバタさせて興奮気味だ。

「じゃあ、手足以外にも軽く首締められたりとかは？」

「それ前の彼氏がやってた～！　ちょっと好きかも」

「じゃあ、ちょっと締めてみよっか？」

試しに、その場で軽く首を締めてみた。

「あーストップストップ！　そのくらいがちょうどいい！」

それにしても、この人って元々、婚活したくてパーティに来てたんだよな？　いまレイプの話してるんだけど大丈夫なのか？

彼女のまぶたにキラリと光るものが

さて、一通り下半身の話もしたし、そろそろホテル行きますか。

「ユキ、明日は仕事なんだっけ？」

「ううん、休み」

話は早い。店を出て手を繋ぎながらラブホ街へ最短距離で直行だ。

「ダメ！　ちょっと待って！」

「え？」

「ちゃんとお酒買ってから入ろ？」

なんだか急に恋人っぽいなれなれしさが出てきたようだ。ダメだよ、それじゃレイプごっこにならないんだよ！

しょうがないのでコンビニに寄り、ようやくホテルへ。エレベータの中で彼女が身体を寄せてきた。キスねだりか？

「ダメダメ！」

部屋に入るまで何もせず、入った途端にベッドに押し倒すんだから。それがレイプごっこってもんでしょ。

部屋に入るや、強引に手を引っぱりベッドへ。バサッと押し倒して両手を押さえ込んだ。ユキが手に持ったコンビニ袋がバサッと床に落ちる。

「ちょっと！　待っ…！」

気にせず唇を重ねる。

「んんん…っ！」

ねっとりと舌を絡め、下半身の動きを体重で押さえ込む。

「シャワー浴びてから！　お風呂…！んんっ…！」

話している途中で唇を奪い、声を失わせる。これこそがレイプごっこだ。

しばらく舌を絡ませるうちにぐったりしてしまったようなので、すぐに服を脱ぎ、飛び出たチンコを口の中に乱暴に押し込んだ。どうだ、これが本望だろう！

「ンッ！　…ンッ!!!」

チンコが生暖かい温度に包まれ、むくむくと100％の膨張を確認できた。スタンバイが出来たところで、さらにそれをノドの奥までグイッと押し込む。

「ンンッ！　ブッ！　…ゲホッ！」

まさか婚活の帰りにレイプごっこするなんて思ってなかったでしょう

口からゆっくり取り出すと、亀頭の先端にトローンとしたスケベな唾液がゆっくりと垂れてきた。

右手をゆっくり股間のほうに向かわせる。すごい熱だ。いつから興奮してたんだ？

黒いタイツとパンツだけを乱暴におろし、一気に指を二本差し込んでみる。あ、すんなり入った。

「ダ、ダメぇ…！」

ヌッポリと入った中指と薬指を上下に軽く動かす。チュクチュクチュクッという軽快な音が聞こえてきた。

「アァンッ！　やっ！　シャワー…」

この期に及んでまだシャワーだと？　さっさととどめをさすとしよう。

オタク同士これからもよろしく！

先ほどの口淫により、まだ唾液で湿ったままの亀頭をビチャビチャのマンコに当てがう。

そのままグイッ！

「アアンッ！　アアンッ…！」

激しく腰を動かしながら、両手をベッドに押さえつける。よく見ると、目を閉じた彼女のまぶたにキラリと光るものが。

え？　この人、感じすぎて涙流してる！

「なに？　気持ちいの？」

「…」（黙ってうなずく）

さらに腰を動かす。ギシギシとベッドのきしみが部屋中に響く。

「アアアアアアッ!!!　ア…ッ！」

腰を動かすのを一瞬やめてみると、ユキの身体がビクンビクンと動いていた。活きのいい鮭みたいな動きだ。

「なに？　イッちゃったの？」

目をつぶったまま、彼女がコクリとうなずいた。

とんだ婚活スケベ女だ！

第4章

エロい女はそこにいる

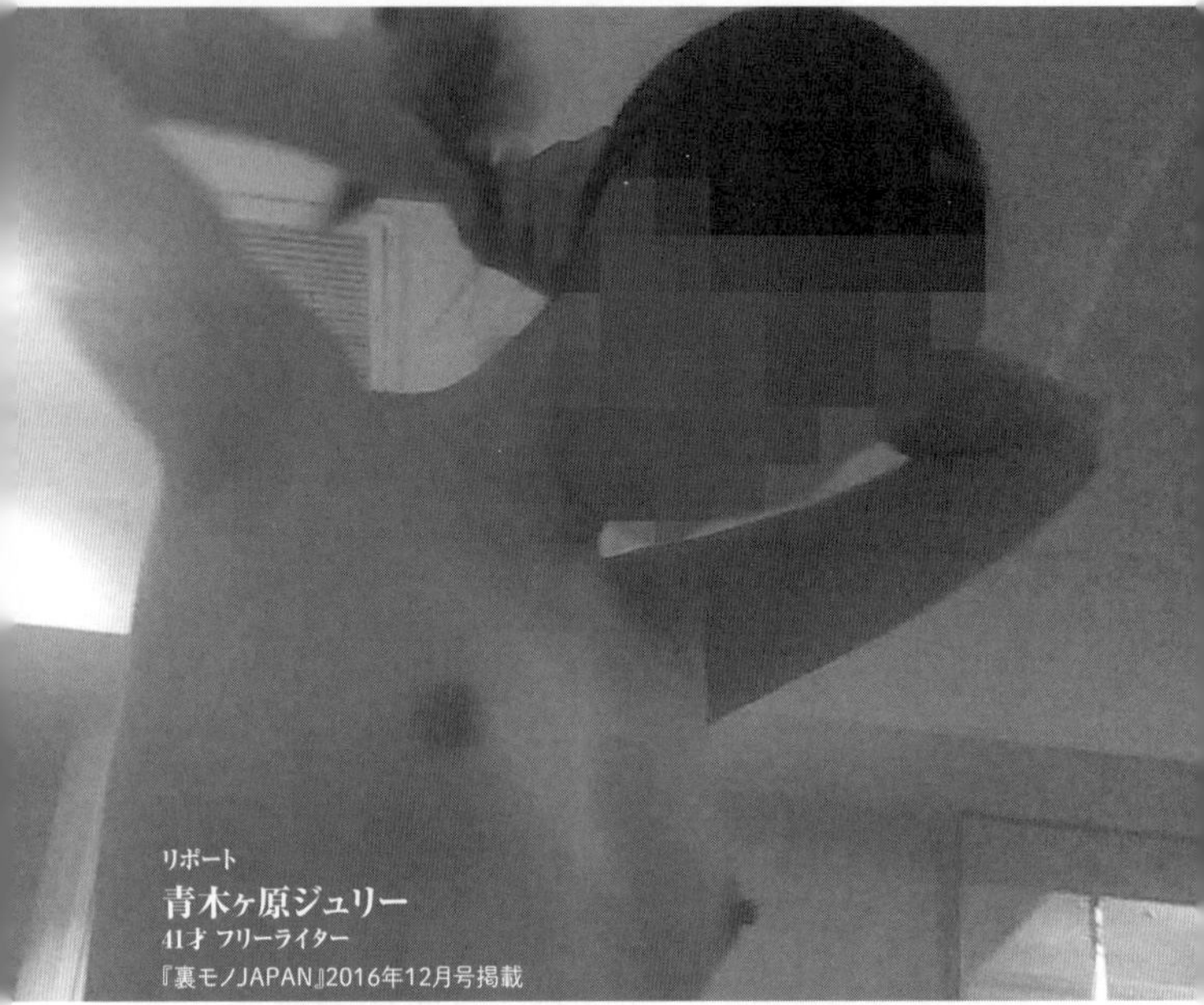

リポート
青木ヶ原ジュリー
41才 フリーライター
『裏モノJAPAN』2016年12月号掲載

の飲み会は不倫できます!!!

既婚者限定ラクショーで

こんなに簡単でいいのか!?

既婚者限定をうたい文句にした飲み会が各地で急増中だ。もちろん「飲み会」とは名ばかりで、その実態はW不倫相手を見つけるための集まりである。お互い既婚者同士、気兼ねなく楽しみましょうというわけだ。

飲み会への参加方法は、簡単なもので2パターンある。ひとつは、ミクシィ経由だ。既婚者飲み会そのものを目的とするコミュが一気に増えたことで、望めば毎週でも参加できるような状況となっている。

もうひとつは、LINEのグループチャット（以降、グルチャ）経由だ。ネット上のグルチャメンバー募集掲示板には、既婚者限定のグルチャが乱立している。そこでメンバーと仲良くなって飲み会を開催するパターンだ。

もちろんLINEでつながっているのだから、飲み会など行わず1対1で密会したって構わない。

さあ、いったいどれほどの人妻たちが喰えるのか。ちょっくら試してみようではないか。

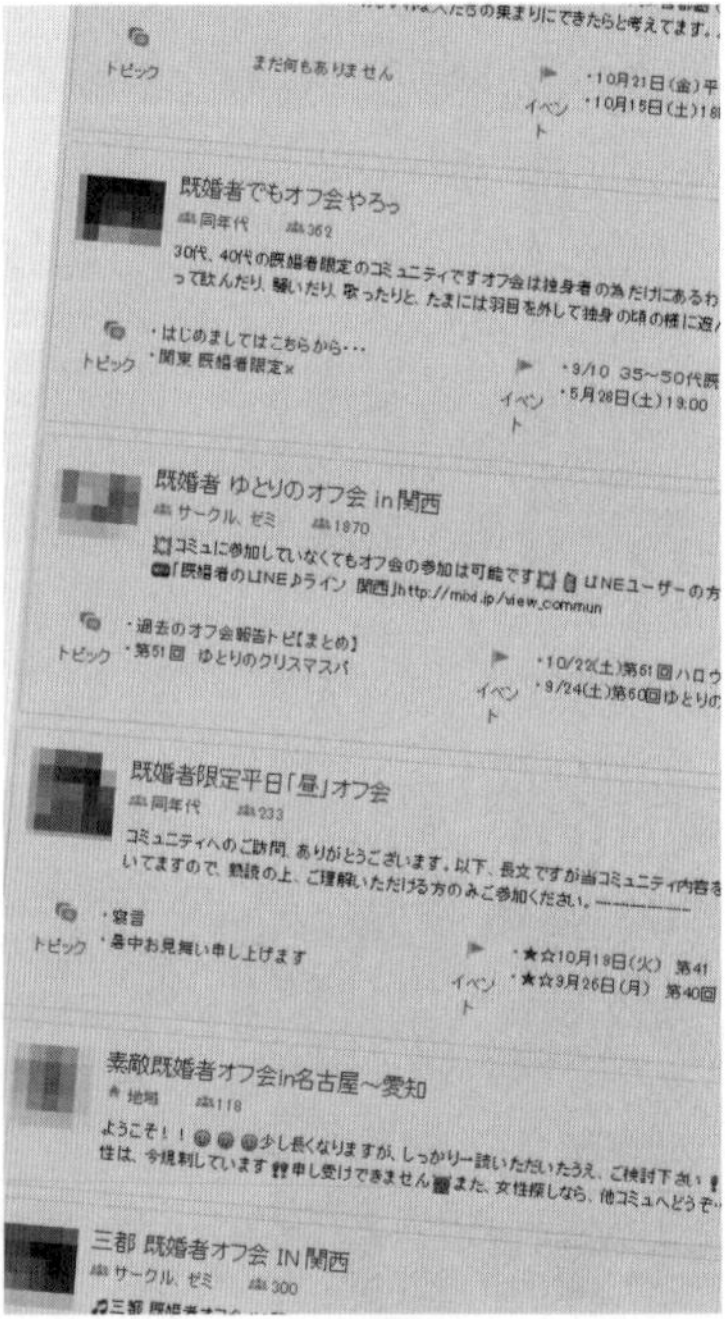

以前は珍しかった既婚者飲み会の専用コミュが急増中。これは利用しないと

良い人がいれば恋愛とかしたいかも

まずは既婚者飲み会コミュからだ。

ミクシィ内のコミュニティ検索で「既婚オフ」「既婚　飲み会」などと入力すれば、無数のコミュがヒットする。

その中からもっとも開催日のはやいイベントを探し出し参加を申し込んだところ、すぐに主催者からメールが。それによれば、当日は男女7人ずつが参加する中規模な飲み会になるという。

迎えた当日、夜7時。会場である新宿の居酒屋に足を運ぶと、すでに大半のメンバーが顔をそろえていた。見た感じ、女性陣の年齢はわりと高めで、40代半ばがメイン層といったところか。明らかな30代は2人ほどしかいない。ちなみに男連中の年齢構成もほぼ似たようなものだ。

飲み会は乾杯時のみ席が決まっているが、その後は自由に移動してもいいらしい。

会がスタートして30分、目をつけていた女の隣りが空いたので、急いで席を陣取った。よしよし、ここからがようやく本番だ。

「はじめまして。こういう飲み会ってよく来るの？」

「あ、どうも。ジュンコと言います。実はこういうとこ初めてなんで、ちょっと緊張してるんですよ。えへへ」

愛想のいい笑顔が返ってきた。歳のころは40くらい。ほっそりとしたスマート体型で、ネコっぽい顔だちをしている。ワンレンの髪型にまだ女を捨ててない感が強く出ているのはなかなかよろしい。

しばらくは当たり障りのない様子見トークに終始した。彼女がちょこちょこ本音をのぞかせるようになったのは、2杯目のカクテルを飲み終えたあたりからだ。

「やっぱりこういうところに来る人たちって、ダンナさんや奥さんと上手くいってないのかな」

人妻がこういう話題を持ち出してくるのは、自分の境遇を聞いてほしいからに決まっている。

「ジュンちゃんとこはダンナさんとはどうなの？」

「うちは必要最低限のこと以外、ほとんどしゃべってないかな。今さらだけど性格が合わなくて」

ほらな。目を輝かせて話し出したぞ。

彼女のダンナはメーカーに勤務しており、現在、中国に単身赴任中だという。

「だから今すっごく気楽なんだけど、来週、一時帰国するんだ

飲み会ではあまり反応はよくなかったけど…

よね。もう超イヤなんだけど」

「いつから仲悪いの？」

「よく覚えてないけど、ここ5、6年はそういう状態かな」

不倫にいざなう状況としては申し分ない。ま、彼女だけでなく、きっとこの場にいる人妻の大半も同じ状況なんだろうけど。

そろそろ攻めてみますか。

「でもそういう夫婦生活じゃツマんないでしょ。浮気とか考えたことないの？」

「したことはないけど…。まあ、良い人がいればもう一度恋愛とかしたいかも」

「ちなみにおれなんかどう？　優しいし、大事にするよ」

彼女がチラッとこちらを見た。

「うーん、どうだろう。なんか軽いよね」

冷静に返された。眼中ナシか？

恋人未満の関係ならアリかなって

飲み会がお開きとなった午後9時、参加メンバーの一部はカラオケに流れた。残りの連中はそのままあっさり帰るようで、そこにはジュンコちゃんの姿もある。

飲み会の様子からして、彼女を誘い出せる可能性は低そうだが、このまま放流するのはやはりもったいない。

あとを追って声をかけた。

「せっかくだし、もうちょっと飲んでかない？」

ちょっと迷った仕草をして彼女が答える。

「んー、じゃちょっとだけ」

おっ、いいのかよ。何でも言ってみるもんだな。

適当な飲み屋が見つからず、しばしあちこちを歩いているうち、ちょっとした違和感を覚えた。隣りを歩く彼女の腕や手が、やたらとおれに当たるのだ。おや？

直感めいたモノが走り、手をそっと握ってみる。抵抗はない。ならばと、今度は指で彼女の手のひらをスリスリしたところ、彼女もまたスリスリと返してくるではないか。これって求愛行動だよな？

一応、確認してみよう。

「あのさ、飲みもいいんだけど、ちょっと休めるとこに

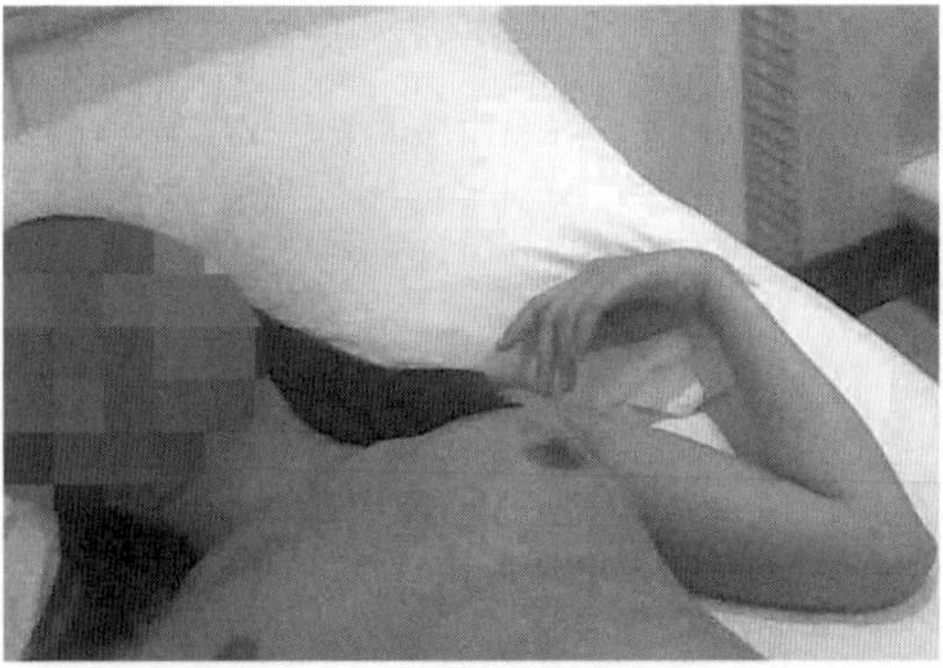

セフレ扱いで十分です。ごっつあんでした！

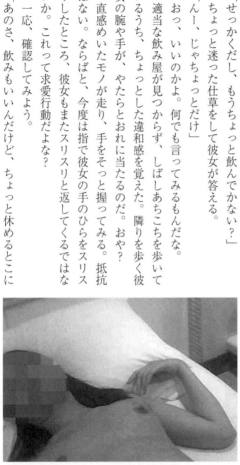

行ったりするのも悪くなくない？」

緊張した様子で、彼女がガクッと大きくうなずいた。展開はやっ！

一路、ラブホへ。

部屋に入り、まずは強烈なディープキスをお見舞いすると、それに勝るとも劣らぬ激しい舌使いで彼女が応戦してきた。ハアハアという呼吸の荒さが、興奮を物語っている。

そのままベッドへ移動し、服をはぎとる。彼女に子供がいないことは飲み会の席で確認ずみだ。歳のわりに（43才）キレイな裸体をしているのは、そのせいだろう。

仰向けに寝かせた状態でしばし乳首を吸い、それから顔を股間へ。ビラビラをいじりながら、舌先で包皮ごとクリトリスを舐め上げていると、かぼそい声が漏れてくる。

「あ…あん…あ…ふう…あん」

激しい喘ぎ声も悪くはないが、こういう恥じらいを含んだ乱れ方もまたオツなものだ。いかにも背徳的な空気がある。

やがて開いていた両足がピクピクと震えだし、その矢先、彼女は「ふあっ！」と短く絶叫した。イキやすい体質のようだ。

その後、ブランクを感じさせるぎこちないフェラを味わってから、正常位で挿入。ゆっくりグラインドを始めると、彼女が首に手を回し、キスを求めてくる。

ニチャニチャと舌をからませながらのセックスほど淫靡なものはない。いったんは体位をバックに変えたものの、また元の体勢に戻って唇を吸い合う。やがて怒涛の射精感が押し寄せてきた。おらっ、イクぞ！

…終戦後、Bカップのピンク乳首をコリコリいじくりながら尋ねてみる。

「飲み会で軽いとか言われたから、まさかジュンコちゃんとこんなことになるとは思わなかったよ。どうしてついてきたの？」

「ああ、それ？　…あんっ」

乳首いじりに好反応を示しつつ彼女が言う。

「軽そうだからちゃんとしたお付き合いは考えにくいけど、恋人未満の関係ならアリかなって思ったんだよね。お話してても楽しかったし。えへへ、何かゴメンね」

つまりセフレが欲しかったのか？　だったら謝ることはない。男にとってみりゃ、むしろキミみたいな人妻は大歓迎だから！

積極的な性格こそが人妻にはウケる気が

初戦、白星スタート。この勢いのまま、第2の戦場、ＬＩＮＥの既婚者グルチャにも攻め込みたいところだ。

既婚者グルチャは、グルチャメンバーの募集掲示板で探せばカンタンに見つかる（募集掲示板はネット上にいくつもある）。おれが参加したグルチャは、既婚者でもガンガン恋愛しちゃおうぜ的なテーマの、東京人限定グループだ。メンバー数は男8人、女7人。既婚者グルチャの中では平均的な規模らしい。

さて、ここで人妻とセックスするまでの流れは2種類ある。

①オフ会に参加したメンバーを口説く

②コチャ（メンバーと個人間でチャットすること）で接近してデートをアポる

既婚未婚問わずの関東限定、恋愛グルチャ☆
雑談をしながら色々な人と交流をし、その中で新し
会いを見つけてみませんか？
現在、男性女性共に募集しています！
人柄も考慮してメンバーを選んでる為、みんないい人
ので安心して入れます！
初心者のかたも安心して入れる様に配慮してますので、
ご安心ください！
・掛け持ち自由
・イベントあり
・ツーショットあり
男女急募❤関東限定既婚者恋ぐる
メンバー募集
募集条件
☆関東在住
☆20代〜30代の既婚者様
☆ルールを守れる方
☆積極的に参加できる方

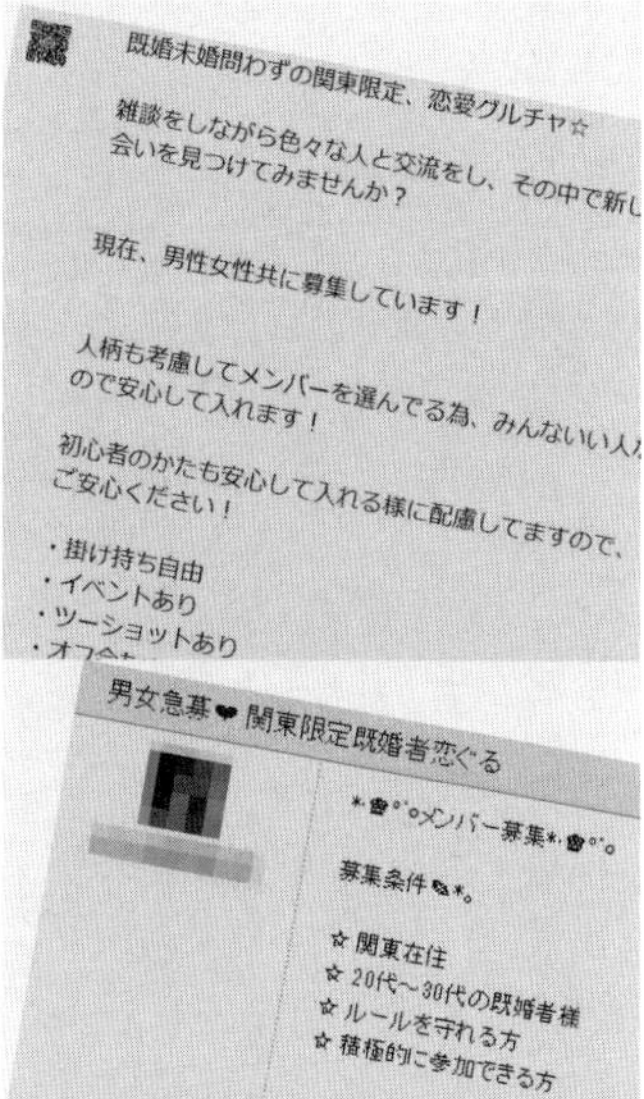
管理人は男女各一名ずついます☆

既婚者グルチャもよりどりみどりだ

①は今回はパスしよう。グルチャのオフ会は突発的に開催されるものらしいので当てにできない。コチャで特定の人妻とやり取りする方がはるかに効率はいいだろう。

作戦はこうだ。数日間、グループチャットでメンバー全員と交流し、そのなかでターゲットになりそうな人妻を選定、コチャでデートに誘う。

また、グループチャットではリーダーシップのあるキャラを演じることにした。既婚者飲み会でも感じたことだが、控えめな男は総じてモテない。ちょっと押しの強い、積極的な性格こそ、人妻にはウケる気がするのだ。

というわけで数日間のグループチャット参加の結果、ターゲットが決まった（グループチャットでの会話は他愛ない世間話に過ぎないので割愛）。

東京東部在住のＭＡＫＩ、37才だ。グルチャ内のノート（掲示板のようなもの）に貼りだされた本人画像を見る限り、まあまあの美人だ。それにいつも必ずおれの発言にツッコミを入れてくるあたり、こちらに気があるように思えてならない。

さっそくコチャ開始だ。

〈こんばんは〜。ＭＡＫＩちゃんって普段、飲みに行くことあるの？〉

〈あるよ。あらかじめ日が決まってれば、ダンナに子供の世話をお願いできるから。なんで？〉

ここはストレートに切り出していいだろう。

〈いや、実はMAKIちゃんと一緒に飲みたいな〜なんて思ってまして。どんなもんざましょ？〉

間髪入れずに返信が来た。

〈行くに決まってるざます〉

ラクショー過ぎる！

またイイ人いないかなって思って

5日後の平日夕方。パート帰りのMAKIと上野で落ち合った。薄手の黒コートにパンツルックという出で立ちで、グルチャの画像よりずっと若く見える。

ひとまず、予約しておいた創作料理の居酒屋へ。乾杯したビールを一口飲んでから彼女がほほ笑む。

「なんかグルチャでいっぱいしゃべったのに、実際に会うとテレちゃうね〜」

「はは、そうかも。そういや聞いてなかったけど、既婚者グルチャで男の人と会ったことあるの？」

「3人くらいかな。全員別の既婚グルの人だけど」

美人のくせにえらい酒豪のようで

そのうちの2人とは今も2、3カ月に一度、それぞれ別に飲みに行く間柄というが、本当に飲みだけなのか？　セフレ臭がプンプンするんだけど。

「それで、残りの1人とは何でいま会ってないの？」

「その人は彼氏だったんだけど、別れたんだよね。だからまたイイ人いないかなって思って、今のグルチャに入ったんだよね」

ふむふむ、こりゃ相当な男好きだぞ。おまけにアルコールにも目がないらしい。ビールを結構なピッチで飲み、またたく間にジョッキを空けてはお代わり、また飲んではお代わりを繰り返している。その量、わずか1時間ちょっとで5杯。アル中かよ！

しかし、それだけに酔いだすのも早かった。顔は真っ赤、目も充血してふにゃふにゃしている。あまりのスキの多さに、わざとそうやって誘っているのかと疑いたくなるほどだ。

隣りに席を移動し、手を握った。

「MAKIちゃんと飲んでるとすげー楽しいわ。思い切って誘って本当によかったよ」

「え～、そんなこと言われるとすごく嬉しいかも～」

周囲に他の客はいない。それをいいことにキスしてみると、舌がすっと口のなかに滑り込んできた。恐るべき尻軽妻という他ない。

「んふふ、オチンチン、ピクピクしてるよぉ？」

ラブホの部屋に入った直後、ＭＡＫＩが抱きついてきた。辛抱タマランといった様子で、唇を押しつけてくる。

「アタシ、酔うとスイッチ入っちゃうの〜〜。もうズルい人ぉ〜」

自分で勝手に酔っぱらっといてナニ言ってんだか。まあいいや。さっそくその体、いただいちゃいましょう！

まずは乳首を舐めて…と思ったら、彼女がパンツをズリ下げ、パクりとチンコをくわえ込んだ。うお、なんて積極的な。

口内にツバをたっぷり含んだフェラはなんとも気持ちよく、思わずため息をこぼすと、チンコをレロレロしながらエロい目線を送ってくる。

「気持ちいい？　ねえ、どうされたい？」

「サ、サオに舌をツツーと這わせて…」

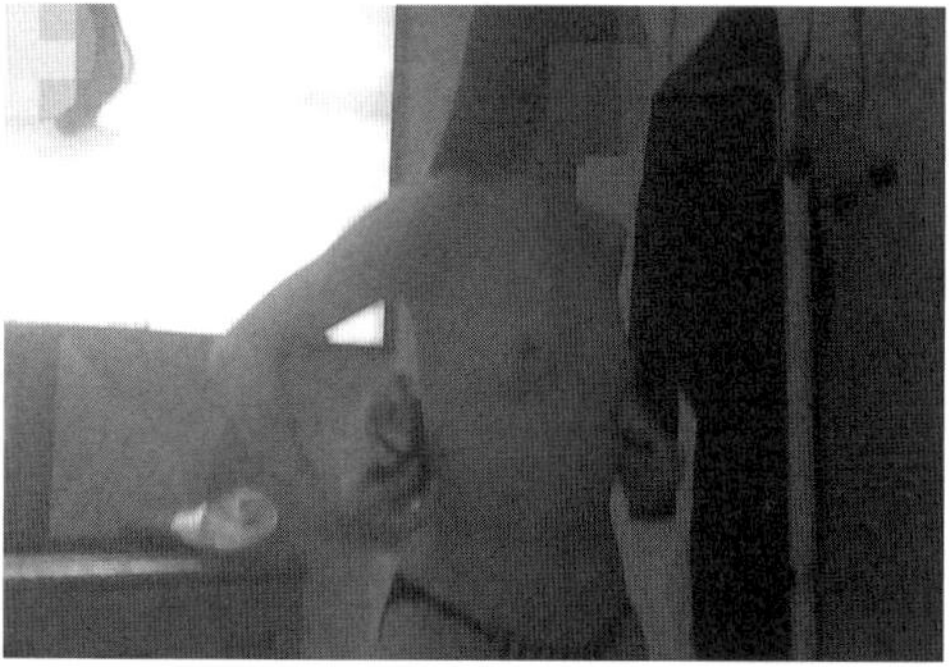

このドスケベぶり、いろんなとこでヤリまくってんだろ！

「こう？　んふふ、オチンチン、ピクピクしてるよぉ？」

初対面の男にことば責めとは、どんだけ好き者なんだ。嬉しいを通り越してちょっと怖いんだけど。

濃厚なフェラには、クンニや手マンで返礼し、いよいよ合体だ。愛液でぬらぬらと照り輝く肉穴にチンコを沈める。

セックス中も主導権はＭＡＫＩの手にあった。

「ダメ、角度が違う～。もっと腰を突き上げるように動かして」

「こう？」

「あ、そうそう。もっと激しくして。あっ、イイっ！　イイっ！」

胸はＢカップしかないし、口数の多さにもやや閉口するが、やはり、ほどよく熟れた美人妻とのセックスは格別だ。こんなにイイ、イイ言ってくれてるんだし、セフレにしてくんねーかなあ。

〈ああ、指の動きが止まんない〉

堂々の2連勝。ここまで調子がいいなら、もうひとりくらい仕留めたくなるのが人情ってもんだ。

というわけで再度、既婚者グルチャに挑戦だ。ただし、先ほどと同じグルではMAKIの目が気になる。別のところに参加するとしよう。選んだのは男12人、女8人の関東人限定グルだ。

さっそく前回と同様の作戦で動いてみたところ、良さげなターゲットが見つかった。

埼玉在住のナオ、47才だ。歳は結構食ってるし、グルチャ内の画像を見てもちょいブスのポッチャリさんでと、ヴィジュアル的なポイントは低い。

しかし、性格がエロいのだ。グループチャット中もバンバン下ネタを口にするため、メンバー全員からエロ姐というアダ名までつけられている。

下ネタ好きの女は、意外と身持ちが堅く、実際はヤレないことが多いという説もあるが、ナオに関してはハズレていると思う。きっと性欲がたまってムラムラしているに違いない。だってちょいブスだから言い寄る男は少

会ってすぐホテルに直行ってどこまで飢えてんの

ないハズだし、本人も3年間ノーセックスだと公言しているし。

　ではコチャ開始だ。

〈おばんでーす。起きてる？〉

〈お、突然コチャしてきた（笑）何よー誘ってるの？（笑）〉

〈実はそのとおり。姐さんと会って話したくなったんだよね。今度軽く飲みに行かない？〉

　しかし、予想に反してつれない答えが。

〈マジか！　うれしいーなー。でも、ここんとこ息子の部活の手伝いとかいろいろあって、かなり忙しいんだよね〉

　うーむ、コイツならすぐにでも飛んでくると思ったのに。やはり警戒してんのかな？

　ややあって、またＬＩＮＥが届いた。

〈これでカンベンして。ちゅ！〉

　何がちゅ、だ。一丁前に。

〈はいはい、わかりましたよ。ちゅ！〉

〈お？　じゃあ今度はちゅ、ちゅ、ちゅ～！〉

　おや、この流れって…。いっちょ試してみるか。

〈そんな軽いキスじゃなくてディープでしようよ。レロレロ、ぺちゃぺちゃ〉

〈あん、やだぁ。そんな激しいことされたら濡れちゃうよ…〉

ぷっ！　やっぱ乗ってきた！　末尾の「…」は本気の印だ。

〈どれどれ？　本当にビショビショじゃん。姐さん、変態〜。自分でクリ触ってみ？〉

〈やめて〜！　ああ、指の動きが止まんない。イッちゃうよぉ〉

チャットセックスにまさかここまで身を入れるとは。この人やっぱり、飢えまくりじゃん。

私もそうだから別にいいじゃん

その後、ナオとは3日連続でチャットセックスに興じた。それが功を奏したのか、いきなり彼女からコチャが。

〈急なんだけど明日って予定ある？　なければ会おうよ〉

忙しいとかなんとか言ってたくせに。よほど性欲に火をつけてしまったようだ。

〈もちろん明日OKだよ！〉

当日、夕方。待ち合わせの池袋駅東口に向かおうとホームを降りたタイミングで、ナオからLINEが入った。

〈もう着いた？　私いま駅に着いたの。これから待ち合わせ場所に向かうね〉

〈グッドタイミング！　おれもいま電車降りたところ。とりあえずそっちのホームへ行くよ〉

教えられたホームに向かうと、丸顔の中年女性が手を上げながら近づいてくる。

「ナオちゃん？　初めまして」

「どうも！」

実際に目の当たりにした彼女は画像よりいくぶん可愛く見えた。気合を入れてオシャレしてきたせいだろうか。香水のイイ匂いも漂ってくる。

ふいに彼女が両手を合わせた。

「ゴメン、先に断っておくけど今日あんまり時間ないんだ。ちょっと予定外のことが起きて、2時間後には帰らなきゃいけないの」

「はあ？」

いくら何でも、それはさすがに厳しい。飲み屋で口説いてたらホテルに行く時間ないぞ。

何だよ、まさかの空振りか…。

ナオがおれの服のソデを引っ張った。

「今日逃したらまた当分、時間が取れないんだよね。だからさ、行こ？」

…え、いま何と申した？

「どこに行くの？」

「決まってるじゃん。こんな言い方したら元も子もないけど、そっちはエッチが目的なんでしょ？　私もそうだから別にいいじゃん。パアッと行っちゃおうよ」

3年レスの性欲とはここまで凄まじいモノなのか。建前もへったくれもあったもんじゃない。

★

ホテルで見せたナオの痴態は案の定、野獣レベルだった。鼻をフンフン鳴らしてチンコをむさぼる姿は、まるで救助されて10日ぶりにメシを食う遭難者のよう。飢えた性欲を十分満たしてあげられたのならおれも大満足だ。

それにしても、人妻市場のすごさよ。もしソッチ系が好きなのに、現在、活動をしてない方はすぐに腰を上げることを強くオススメする。

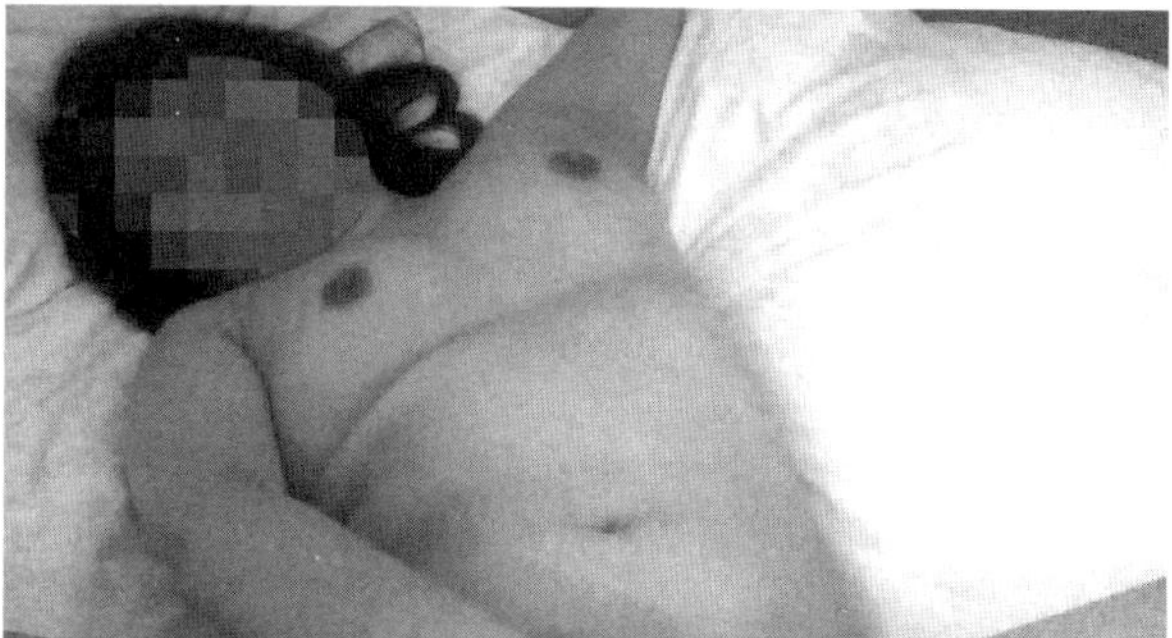

3年ぶりのセックスにご満悦

アダルトショップにカップルで来てるヤツらってドSドMのはずだからプレイに混ぜてくれるんじゃね？

リポート
仙頭正教
35才 編集部

『裏モノJAPAN』2014年7月号掲載

アダルトショップに行ったことはあるだろうか？　バイブとかローションが並んでる、いわゆる大人のオモチャ屋ってやつだ。

あの場所、普通はまあ男一人でいそいそ出かけるものなのだが、どういうわけだかときどきカップル客がいてドキッとさせられることがある。

「おっ、これ見てみ？」

「もぉやだ〜」

2人で極太バイブを眺めてヒソヒソやっていたりするのである。

あいつら、一種の羞恥プレイを行っているのだと思われる。他の客の目を恥ずかしがる女と、それを見て喜ぶ男。ま、変態ですわね。

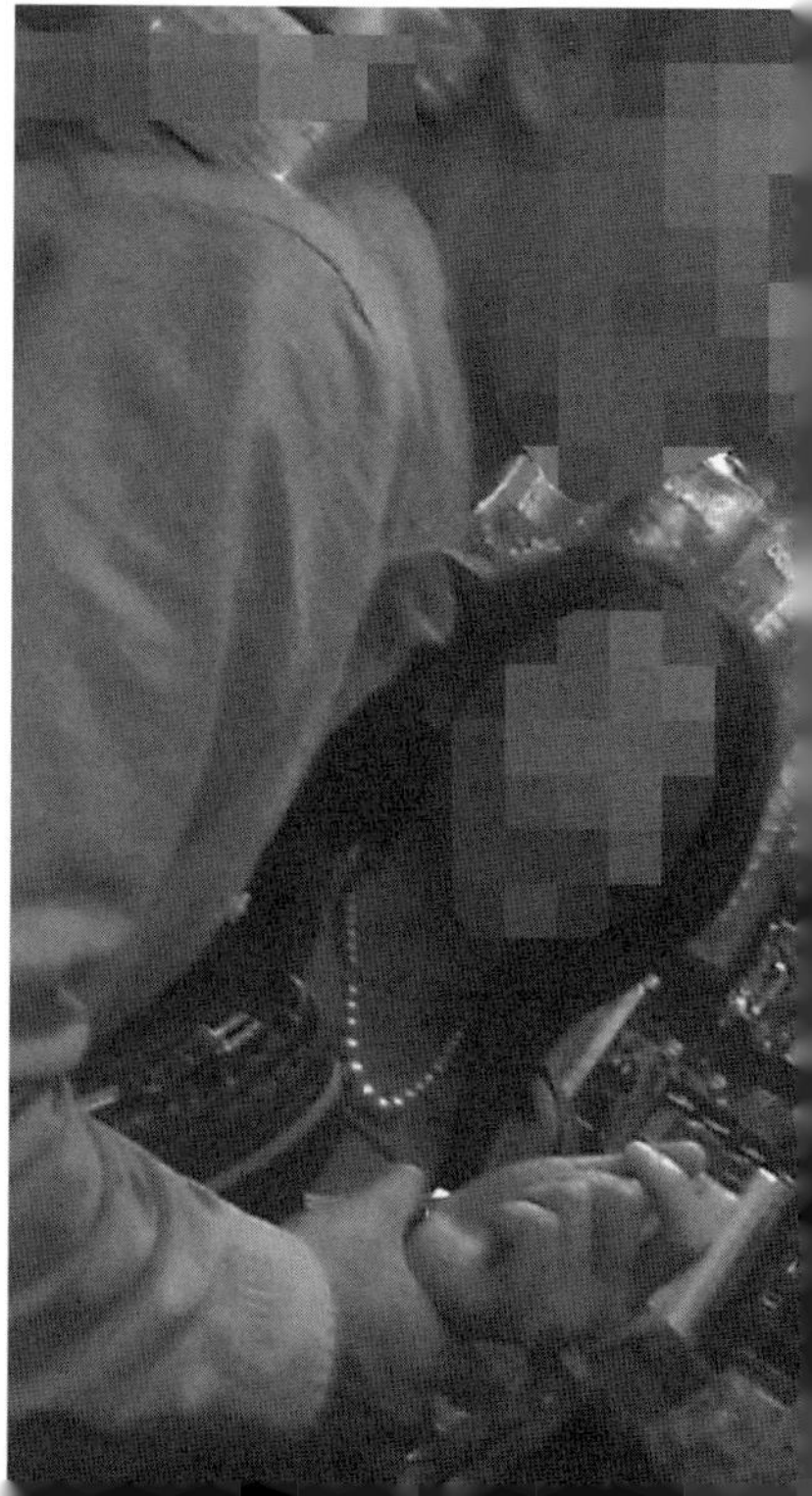

だいたい、わざわざ男女一緒にバイブを選ぶ必然性なんてないのだから。

今回の狙いはそこだ。アダルトショップの変態カップルに声をかけて、おすそわけをいただくのである。

「すてきな彼女さんですね？　思わず見とれちゃいました」

「いやいや、こう見えてド変態なんですよ。なんなら、おっぱいとか触ってもらってもいいですよ」

こんな展開、意外とありそうだもん！

「やだぁ。知らない人に見せるとか恥ずかしい」

日曜の夕方。秋葉原の某ショップにやってきた。5階建てのビル一棟が丸ごとアダルトグッズ売り場という大型店だ。

ひとまず各フロアをひと回りしてみると、いたいた、カップルが何組もいますよ。

さっそく目星を付けたペアに声をかけてみることに。1組目は苦笑い、2組目にはあからさまにギョッとされてしまった。ま、当たり前と言えば当たり前か…。

そして3組目は、コスプレコーナーにいた、バンドマンっぽいニーちゃんとおかめ顔ちゃんのカップルだ。

「素敵な彼女さんですね」

声をかけると、ニーちゃんは照れ笑いし、彼女を肘でつつく。

「ねえねえ、素敵って言われてるよ」

「ええ、なにぃ〜」

彼女はこっちを見ようとはせず、顔を隠すようにニーちゃんにしなだれかかっていく。まさにドMっぽいですなあ。

「すごく仲良さそうですね。おにーさん、こんな彼女さんがいてうらやましいですよ」

「いや、ぼくらはそういうのじゃないんで」

「そうなの？」

「はい。ただの友達なんで。彼女がコスプレ見たいっていうから来ただけで」

「普通に買い物をしにきただけなの？」

「そうそう。いま試着をしようか迷ってたとこですけど。その向こうのメイドとか彼女に似合うと思います？」

ただの友達だと？ ホンマか！

何だか同意を求める言い方だな…。

「似合うと思いますよ。ぜひ試着してみたらいいと思うけど。なんならぼくも見たいし」

「ですよね！」

ニーちゃんは嬉しそうに相づちを打つと、彼女とヒソヒソやり始めた。

「ねえねえ、やっぱり試着したほうがいいって言ってるよ」

「やだぁ～。知らない人に見せるとか恥ずかしい～」

「いいじゃんいいじゃん。ほら、行こ行こ」

お、なんかイイ展開じゃね？

コスプレを披露して

「せっかくなんだし、パンツぐらいいいじゃないの？」

彼女が試着室に入るや、ニーちゃんがカーテンの裾をそっと開けて中をのぞくフリをした。

「こういうのヤリたくなりますよね」

なんだなんだ、だんだんエンジンがかかってきたのかも。

まもなく、彼女が着替え終わって外に出てきた。

「かわいいですね。太ももとかサイコーですよ」

誉めると、彼女は恥ずかしそうに体をくねらせ、カーテンで顔を隠したりしている。こうやってメイド服に着替えてもらうといよいよドMっぽいな。

ただし、ニーちゃんが「パンツでも見せてやりなよ」と言ってくれたりするのを期待したものの、そういうのはなし。彼女はひとしきりコスプレを披露した後、再び私服に着替えてしまう。

こうなりゃこちらから切り出してみっか。

「彼女さん、よかったですよ。すごい興奮しました」

「そうですかぁ」

「でも、もうちょいエロイのが見たかったってのはあるんですけど。たとえばパンチラとか見せてもらえませんか？」

パンツを見せてくれました

「パンチラは…」

ニーちゃんがニヤっと笑い、彼女のほうを向く。

「ねえねえ、そういうこと言われてるよ」

さらっと切り出した。どうなるのこれ?

「せっかくなんだし、パンツくらいいいじゃないの?」

「やだぁ〜」

「10秒くらいならどう?」

彼女がズボンをちょこっと下げていく。かわいらしいパンツが見えた。おおっ、ごちそうさま!

スケスケのパンティが丸見えに

改めてターゲットを探し回ることしばし。下着コーナーで気になるカップルを見つけた。ゴリラみたいな体格のオッサンと小柄なかわい子ちゃんだ。

2人はスケスケのパンツを選び、試着室に向かっていく。タイミングいいね。またパンチラくらいは見せてもらえるかも。

試着室前で女の着替えを待っているオッサンに声をかけた。

「ステキな彼女さんですよね」

「あっ、どうも」

特に驚くことなく、実に普通に笑顔が返ってきた。

「下着の試着ですか？」

「そうそう。穿いて帰らせようと思って」

「ほぉ…」

穿いて帰らせるとはまたドSな思考である。女のほうはやっぱりドMなんだろうな。

まもなくその彼女がカーテンの向こうから出てきた。

「すみません。ちょっとカレシさんとお話してまして」

「あっ、はい…」

オッサンが彼女に問う。

「パンツどう？」

どうやら常連のようだ

「こんな感じ」

えっ？　彼女はオレがいることなどおかまいなく、スカートをめくり上げる。スケスケのパンティが丸見えに。いきなりかよ！

「すごいっすね！　めっちゃ興奮しますよ！」

声を上げて喜ぶオレをよそに、2人はさっさと切り上げ始めた。えっ、もう帰るんですか？

「…店内であんまり騒いでるとすぐスタッフ呼ばれちゃったりするんで」

何度もやっている口ぶりだ。何者なんだこのカップルは。

店の外でこんなことを！

「大丈夫大丈夫。オッパイとか触っていいよ」

このままバイバイでは気になって仕方ない。2人を追いかけ、店の前で声をかける。

「すみません、ついて来ちゃって。彼女さんのパンチラがあまりにも衝撃的で」

「そうなの?」

「びっくりしましたもん」

「そりゃうれしいね。オレ、店内で彼女にパンチラさせるとか、舌なめずりだから」

口元に手を当てジュルっと唾をすするオッサン。

「でも、パンチラってなかなか気付いてもらえないんだよね」

「そうなんですか?」

「あんまり気付かない」

と、オッサンがおもむろに女のスカートをめくり上げていく。ここ、路上なんだけど。しかも人通りめっちゃ多いけど。

そら見たことか。通行人がギョッとしてるじゃん。フツーに気付かれてるじゃん。だが、オッサンは余裕の表情で、彼女も嫌がる素振り一つせず微笑んでいる。こいつら、ヤベーな。

うわっ、胸まで出しちゃったよ

「……露出とかよくやってるんですか？」

「好きだよ。さっとヤってさっと逃げるみたいな。ちょっとやらせてみようか」

何を始めるんだ？　えっ？

思わず目を疑った。彼女がスカートとブラウスをたくし上げていくではないか。おいおい、パンツもおっぱいもモロ出しだ。完全に公然猥褻。警察来るぞ！

「ちょっ、やばくないですか？」

「大丈夫大丈夫。オッパイとか触っていいよ」

ここでかよ！　えーい、揉んでしまえ。モミモミモミ。ってぜんぜん落ち着かないって！

すると突然、オッサンがオレの肩を叩いた。

「撤収。逃げるんで！」

言うが早いか、２人は足早にどこかへ去って行った。


「何だったら、トイレでヤリますか？」


露出カップルが行ってしまっても、しばらく興奮はおさまらなかった。まったくトンデモないヤツがいるもんだ。

店に戻り、また気になる女を見つけた。顔はオアシズ大久保似とパッとしないが、ほとんどパンツが見えているような短いマイクロミニを穿いている。これは行っときたい。そばにいるオッサンが連れか？

オッサンに近づいて声をかける。

「いやー、ステキな彼女さんですね」

「おっ、どうも」

嬉しそうな返事が返ってきた。

「あんな短いスカート穿いて。ソソりますよ」

「じゃあ、ヤリますか？」

「はっ⁉」

一瞬頭がこんがらがった。ヤル？

どういうこと？

「セックスだけどどう？」

「……どうって言われても」

今まで生きてきたなかで、これほど突拍子もない提案も聞いたことがない。会って5秒で「ヤリますか」っ

またもカップル発見！

て？

「ほんとにいいんですか？」

「ぜひぜひ。そのへんのカラオケでもいいし、マン喫でもいいし。ただし場所代だけは負担してもらえるかな。何だったらトイレでヤリますか？」

やりますやります！　ていうか何だこの展開！

声をかけてから30分でまさか3Pにまで

オレの提案でカラオケに向かう道中、オッサンがぼそりと呟いた。

「実は、さっきマン喫でやってきたばっかなんだけど。彼女がもうちょっとヤリたいって言うんで」

2発目かよ！　ハシゴ酒みたいなノリで見ず知らずの男をセックスに誘うなんて、どんな神経だよ？

駅前のカラオケボックスへ。廊下の一番奥、コトをヤラかすには好都合な部屋に入った。

ひとまずドリンクを注文。到着を待つ間、特に会話らしい会話はなく、大久保さんはスマホを触って時間をつぶしている。まさにヤルだけのために来た雰囲気だ。

彼女がカバンからデジカメを取り出した。

「ヤってるところを撮らせてほしいんだけど。顔は写さないし」

　ハメ撮りまでするんかい！　もう好きにしてくれ！

　いざプレイが始まった。カメラ役はオッサンで、彼女がオレのチンコをペロペロペロ。めっちゃ上手い。

「じゃあ四つん這いになって」

　命令に従うと、彼女がオレのケツをつついてきた
「ティッシュついてるよ～」

　やばっ。ところが彼女、そのまま舌をケツの穴に突っ込んでくるではないか。うぉっ。

　チンコがいよいよギンギンになったところで、コンドームを被せられた。オッサンもパンツを脱ぎ、彼女にフェラさせ始める。

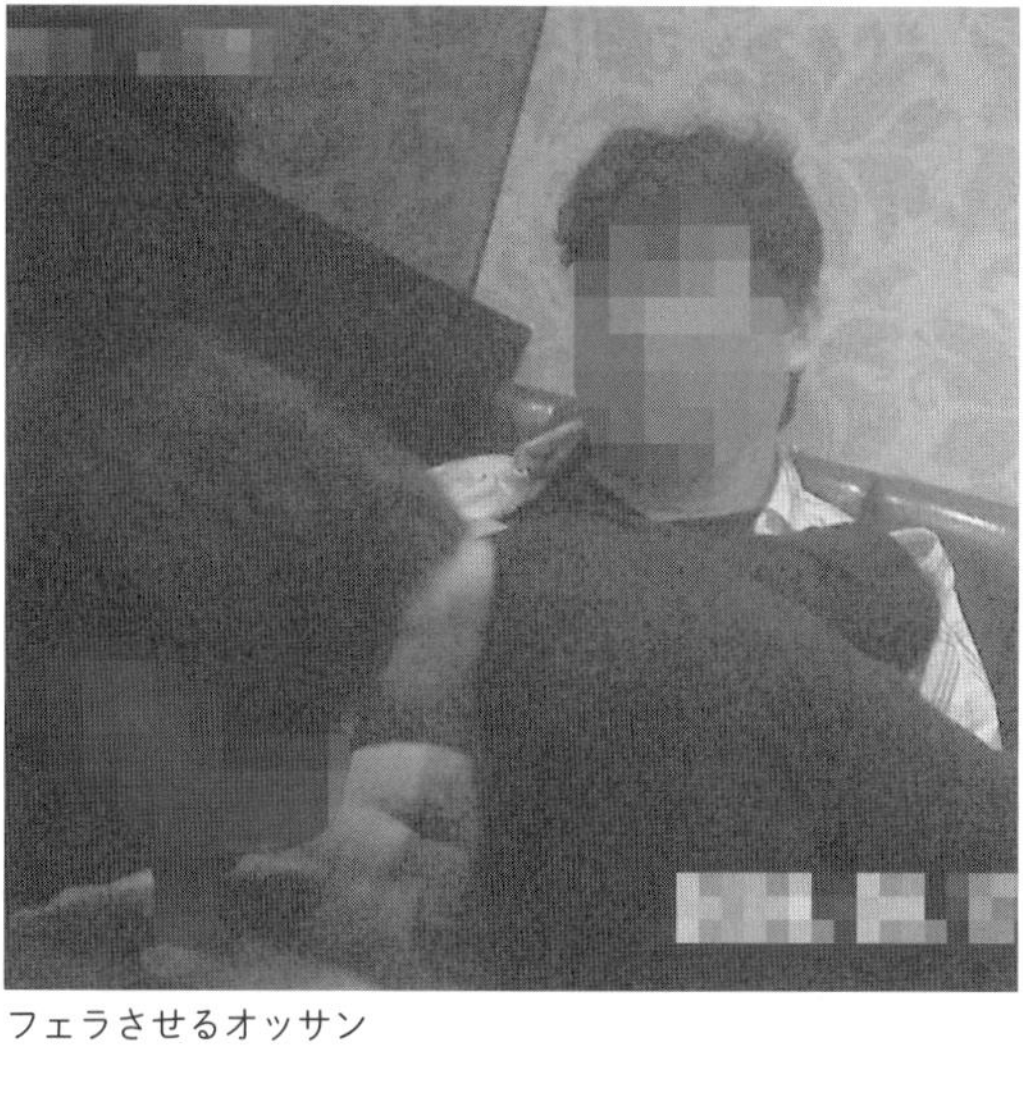
フェラさせるオッサン

声をかけてから30分で、まさか3Pにまで至るとは。もはや羞恥プレイなんてレベルじゃなくなってるな。

小1時間ほどでコトを終え、カラオケボックスを出た。精子を出してすっきりしたのか、オッサンの言葉数は少ない。大久保さんは何事もなかったかのようにスマホをピコピコしてる。

「じゃあ、自分はこのへんで」

なんとオッサン、彼女をほったらかして去ってしまった。ヤルだけやったし、先に帰りますみたいなノリか？

とりあえず大久保さんと2人で、駅に向かう。

「カレシさんは何か用事があったんですかね？」

「知らないけど、別にあの人カレシとかじゃないし。今日、店で声かけただけなんで」

「はぁ？」

「あの店で男を漁って、ヤる。私はそういうことよくやってんの」

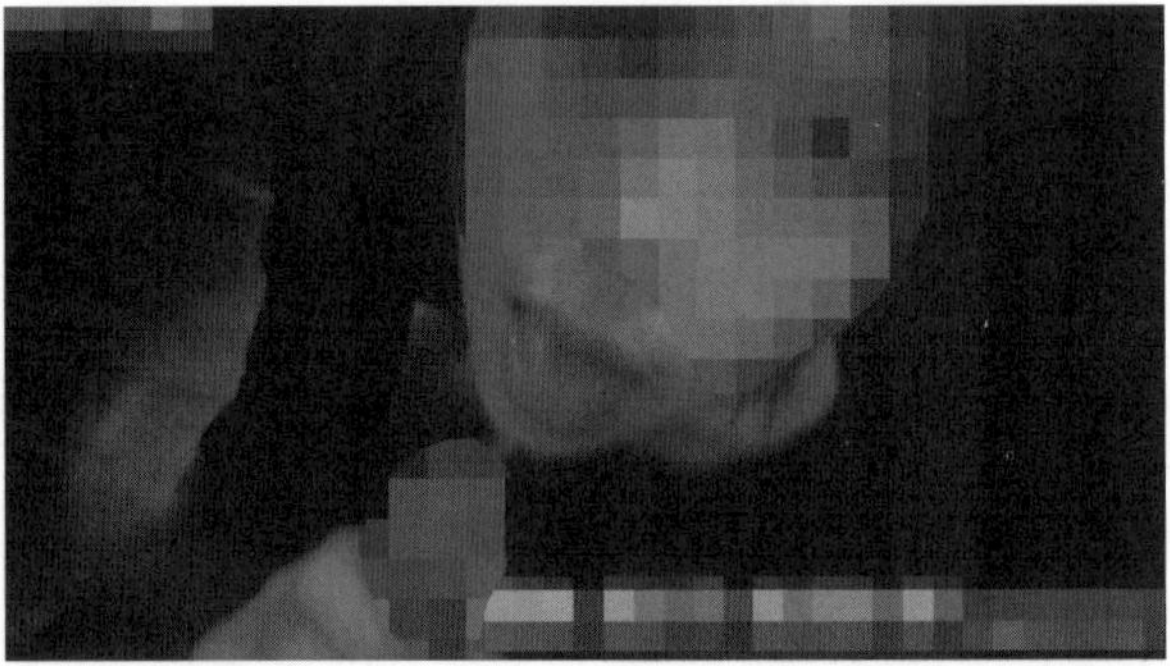

ぼくのもペロペロ

なんだそりゃ！

聞いて驚いた。今日は昼ごろアダルトショップにやってきて、まずあのオッサンを見つけてマン喫へ。さらにヤリ足りなかったから、3Pでもしようと再び店に戻ったとき、オレが引っかかったらしい。

何モンだよこの女は？

「うーん、ご主人はご主人でちゃんといるんだけど。今日のプレイのことは伝えなくちゃいけないし、そのために写真撮ったんだし」

なるほど。世の中には、自分の女を他人に抱かせることに興奮する変態男がいる。大久保さんはその類の連れか。会ったときから携帯ばっかり触ってるのは報告のためだったっぽいな。

いやはや、アダルトショップのカップル、すごい打率だこって。

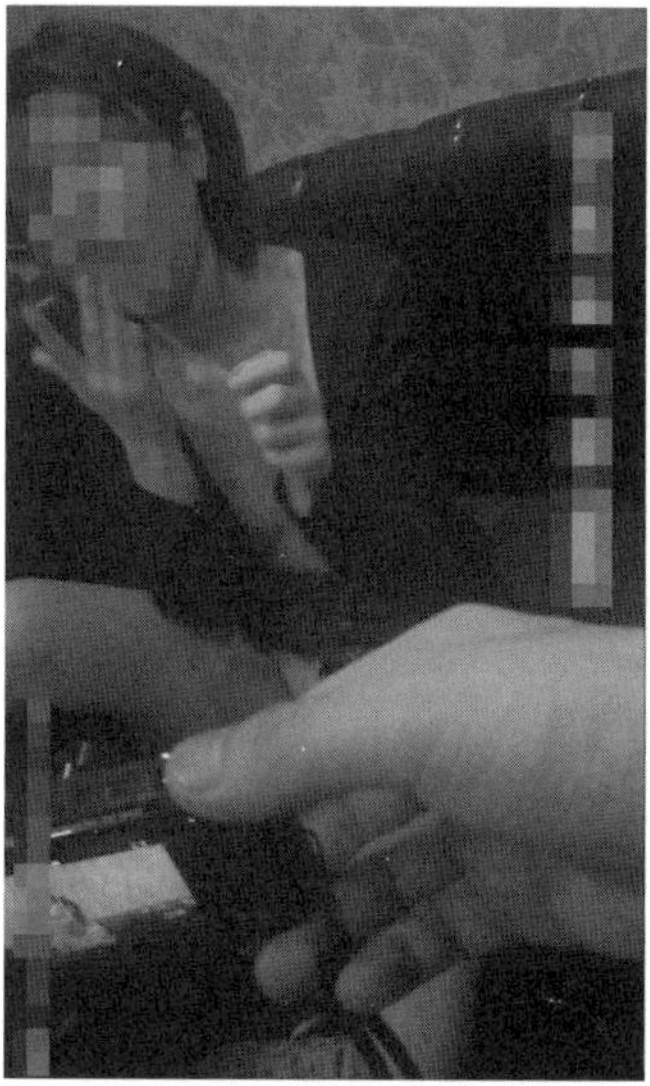

彼女持参のカメラで、精液を舐めるシーンを撮影してあげました

海外旅行は
日本人女性を
抱くチャンス！

海外旅行先で一発ヌクならば、
手段はフーゾクしかない。
言葉もロクに通じない以上、
出会い系だの素人エンコーだのは不可能だ。
が、日本人の女性旅行者を
ナンパするならばどうか？
可能性は見えてくる。
海外旅行のたびにそのチャンスをうかがい、
しばしば成功を収めている男、
ｓａｉ氏にその極意をご教授いただこう。
（編集部）

リポート
Sai
30代 裏モノ読者には言わずと知れた出会い系の達人 http://ichisusu.com/

『裏モノJAPAN』2016年8月号掲載

【飛行機で隣同士になっちゃった編】インドネシア バリ島　Iちゃん アラサー20代 会社員

タイミングが合えば、という言い方がミソ

バリ行きの飛行機の中で、偶然隣同士で座った20代のアラサー女子、Iちゃんとの一件について話しましょう。

飛行機って、基本的には両隣が同性同士になるように調整されるんですが、航空会社も空席があれば埋めたいので、男女が隣同士になることがままあります。このときは出発日の直前に席を取ったら、たまたま隣が女性だった。アラサーのできる女オーラ漂う結構な美人さんです。

もちろん話しかけました。

「どちらに行かれるんですか？」

「ジンバランです」

「あ、僕もジンバランですよ。お仕事ですか？」

彼女は旅行会社勤務で、現地のホテルを視察しにいくそうです。席はバラバラだけど仕事仲間も同じ飛行機に乗っているって状況ですね。

お互い話し相手ができてラッキーだね、って感じで機内食のワインで乾杯です。滞在する

ホテルが比較的近かったので「もしタイミングが合えば現地で飲もうね」ってことで、LINEの交換をしました。タイミングが合えば、という言い方がミソですね。ちなみに海外にいても日本人との連絡はLINEが基本です。ちゃんと使えますからね。

空港に到着して和やかにお別れです。

その後は、

『今日は○○のホテルに視察に行ってきましたよ』

『頑張ってねー。こっちはこっちで、楽しくやってるよー』

LINEでこんな感じのやり取りを続けてました。がっついても仕方ないですしね。

それで滞在3日目ぐらいに、

『じゃ、もしよかったら、そっちの仕事が終わったタイミングで合流して飲まない?』

と誘ってみたら、翌日の夜10時ぐらいに連絡がありました。

部屋に入っちゃえばどうとでもなりますよね

『お仕事終わりましたよ。でもホテルのバーもそろそろ終わるかも…』

バリは市街地に行けばたくさん飲むところがあるんですが、僕らが泊まってるエリアは田舎なので、周りにはお店がまったくない。お酒を飲むとしたらどちらかのホテルのバーで飲むしかないんです。でもそのバーの営業が終わってしまうと。

ならばってことで『とりあえずロビーでいいから少しお話ししようよ』と提案して、僕が彼女のホテルに向かうことになりました。もちろん売店でビールやカクテルを買い込んで。

「ここは日本じゃなくてバリだから」

袋に入ったお酒を持って、彼女の滞在ホテルのロビーで落ち合いました。同僚も泊まってるホテルなのに大胆ですよね。

「お酒買ってきたんだけど、どこで飲む?」

すでに時間は11時を過ぎてホテルのバーは閉まっている。周辺には一切お店がない。

「ロビーで飲むのもアレだし、場所提供ってことで、お部屋借りてもいい?」

いくら飛行機やLINEでしゃべったからって、まだよくわからない男を部屋に入れるなんてありえないと思いますよね。

でもこうやって落ち合ってる時点で、多少は彼女にもその気はあったってことなんでしょう。出張中に同僚をほっぽりだして男と会うんですもん。

「いいよ」

一切のグダり（拒否）なしで、部屋に乗り込むことができました。

で、無事にサシ飲み開始。一つの部屋で、ベッドの上に座ってお酒を飲めば、自然といい雰囲気になりますよね。「なんだか2人で来た旅行みたいだね」って感じで。

ここでの会話のポイントですが、今回の出会いのロケーションはバリです。日本国内での出会いとは違うので、そこは強調したい。

僕たちは、ものすごい運とタイミングでたまたま出会えた。これは運命だよね。ってことを伝えた方がいい。

「こうやって運とタイミングが合わなければ、何の思い出もできなかったわけじゃない？にもかかわらず、ひょんなきっかけで、思い出ができてる」

飛行機で隣に座ってこの展開は、彼女も予測してなかったのでは？

「うん…」

「せっかくの縁だから、仲良くしようか。こっちにおいで」

ところがキスまでは自然だったのに、手マンに移行したら「私、そんなに軽くないもん」って、軽いグダが入りました。

「Iは日本じゃ真面目なんだよね？」

「そうだよ」

「でもここは日本じゃなくてバリだから」

「……」

こんな感じで無事に対局（セックス）となりました。

彼女、プレイ中も「会ったばかりの人とこんなこと…」なんて、理性が働いてたんですが、すごくイキやすい子なので、クリを触ればダメダメイクイク〜！　挿入すればダメイクダメ〜！　って連呼しながらイキまくり。快感と理性との狭間で揺れる感じがすごくエロかったです。

【きゃぴきゃぴグループ編】ハワイ　Yちゃん　19才　大学生

女子大の研修旅行4人組が

次はハワイで知り合った19才のYちゃん。僕が滞在したホテルのすぐ近くにあったコンビニ、ABCストアで声かけした女の子です。

夜10時ごろ、キャッキャ言いながら買物してる日本人の若い女の子グループがいるなーと思って観察してたら、1人がグループからはぐれたので、すぐに接近しました。

「こんばんはー。あれ、何旅行？　彼氏と来てるんですかー？」

こんな感じで声をかけてみたら、女子大の研修旅行中とのこと。同じ学校の生徒たち何人かで買い物に来てたんです。

saiは友達の結婚式で来ていて、部屋は友人とのツインルーム。もしうまく関係が作れたとしても、自分の泊まるホテルには連れ込めません。

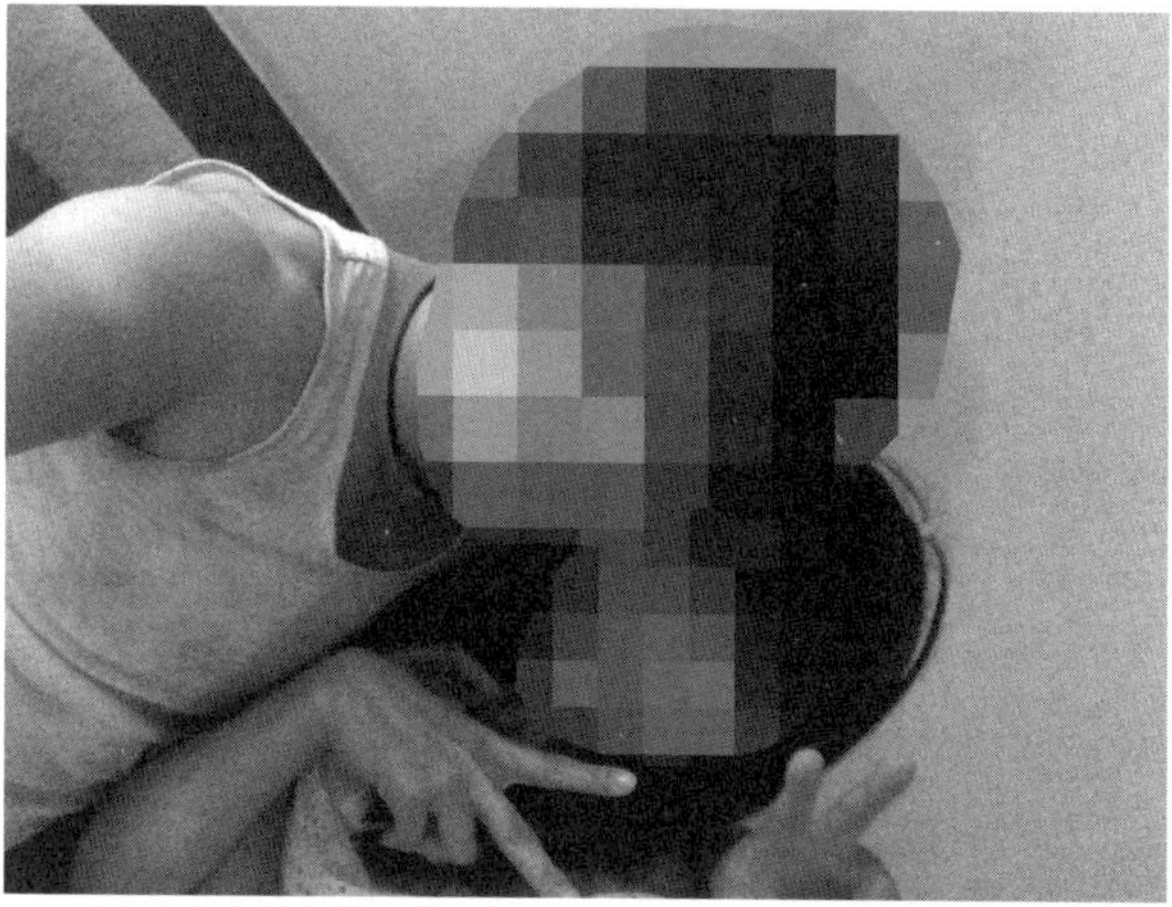

エッチしたあとは友達の前でもベッタリ

早いうちにセックスのための場所を考えておかないといけないので、「どんなふうにして泊まってるの?」って尋ねたら、ツインルームに2人ずつ泊まってるとのこと。なかなか厳しい状況です。

「楽しそうだねー。じゃ機会があったら一緒に飲もうよ」

一応はライン交換です。

「買い出しに行こうか。Yちゃんお供して」

翌日、夜9時くらいに『今なにやってるの?』と尋ねたら、ホテルの部屋で女の子4人で酒盛りしてるって言うんです。

『そしたら追加のお酒持ってってあげるよ』

女子4人、こっちは1人なので警戒はされません。近くのリカーショップでお酒を買って、5人で酒盛りです。

もちろん番号を聞いたYちゃんとは、すでに知り合い同士なので、自然とカップルみたいな雰囲気になっていきますよね。

「もう少しでお酒なくなるかも。つまみも欲しいよね。買い出しに行こうか。じゃほら、Yちゃんお供して」

Yちゃんを指さして、コンビニに連れて行きました。

お酒とツマミを買ってホテルに戻り、「少し探検しようよ」と、あらかじめチェックしておいた非常階段に連れ出しました。

非常階段に座って買ってきたお酒で乾杯です。自分たちの部屋では、いまも友達が飲んでいて、僕達2人だけが抜けだしてきた形です。これだけでも秘密の共有のドキドキと、共同作業感が演出できますよね。

「ようやく2人きりになれたね。さっきは友達がいたから独り占めできなかったけど、独り占めしてもいい?」

抱き寄せてキス。最初は身体にぐっと力が入っていましたがすぐに抜けていき、下に服を敷いてグダなしの対局となりました。

パンツの上からツーっとなぞってみたら、すでにヌルヌルンのスタンバイ状態。並んで座ってるときからｓａｉとこうなることは予想してたんだと思います。

「あ…、んん…!」

ビルとビルの間なので、彼女が声を上げるたびに響くんですよ。警備員の黒人のでっかいオジサンにライトで照らされたときは焦りました。

というわけで、自分の宿泊ホテル近接のコンビニで、見知らぬ女の子をみかけたら、近くに宿泊してる可能性が大なので、迷わず声を掛けるが吉！　ってことです。

【ツアー1人参加ちゃん編】ドイツ　Cちゃん　20代　看護師

修学旅行のような雰囲気になってくる

3人目はドイツです。有名な観光地をバスで巡るツアー中に、同じツアーに参加していた女の子に声をかけたパターンです。

僕は友人と2人で参加してたんですが、色んな観光地を巡るツアーの場合、途中、みんなで一緒に食事を取る時間がある。グループごとにテーブルでご飯を食べて、食べ終わるとお土産売り場に行ったりするんです。その売場で見つけた1人旅の女性が、20代のCちゃんでした。1人でパックツアーに申し込む女の子は意外と多いんですよ。

「こんにちはー。1人でいらしてるんですか？」

「あ、はい」

「僕は東京なんですけど、どちらからいらしたんですか？」

最初の声かけの基本として、2人の共通項を見つけ出すというのは大事です。聞いたら彼女も僕と同じ東京で、わりと近い場所に住んでました。

「あ、結構近いですね。僕も〇〇に住んでるんですよ。せっかくなんで日本に戻ったら飲みにでも行きたいですね。ご迷惑でなければ、飲み会でもやりましょうよ」

これでライン交換完了です。

その後も、訪れる先々で「思ったより寒いね」とか「素敵な場所だったね」って感じで接触回数を増やして、慣れさせておきました。

一応は「東京で会いましょう」ということで連絡先を聞いてますけど、彼女は同じツアーで参加してる客なので、当然、宿泊するホテルも同じですよね。

その日の夜11時半ぐらいにラインを送りました。

『今なにしてる？』

『ホテルの部屋でまったりしてます』

『なら差し入れ持って顔出すよ』

『わーい、ありがとうございます』

こんなハイレベルな一人旅女子はレア物件かと

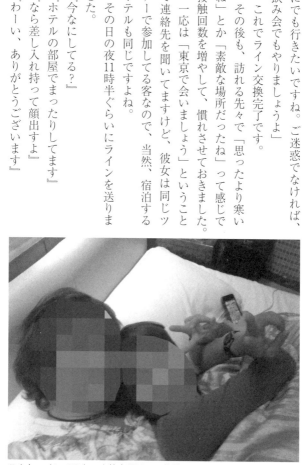

どうしてこんなに簡単に女の子が部屋に招いてくれるのか、疑問に思うかもしれませんが、ツアー客同士って一日中色んな観光地を同行しているから、参加者同士、修学旅行のような雰囲気になってくるんです。旅行会社に個人情報も出しているので最低限の信用もある。外でナンパしてきた男が部屋に遊びにくるのとはわけが違うんです。

今日限りの男だと思うと身体を開きづらい

外でお酒を買って行き、Cちゃんの部屋のベッドに並んで座って乾杯です。

彼女、何しろツアーに1人で参加してるぐらいなので、その辺から突っ込んでみることにしました。

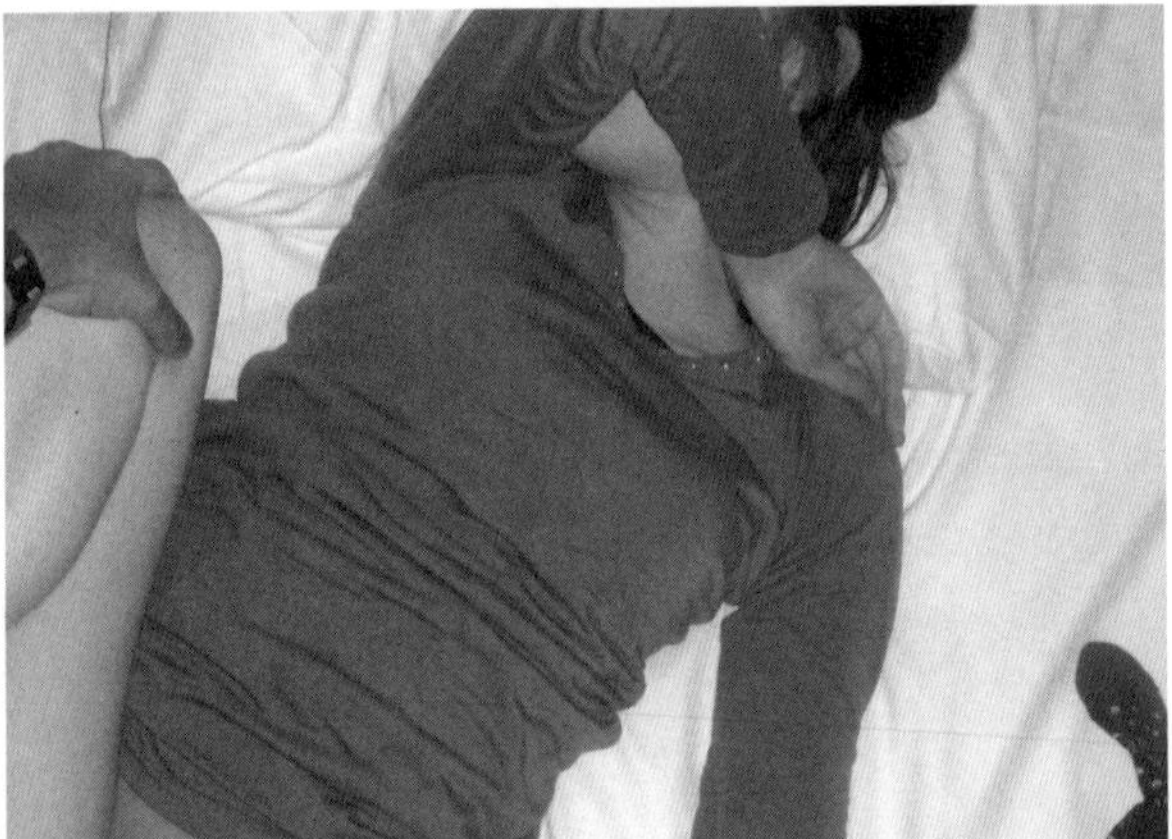

夜のツアー開始！

「旅が好きなの？　今回は卒業旅行的な感じなのかな？」

実は彼女、以前の仕事を辞めて、これから別の仕事を始めようとしている時期でした。つまり、これまでとは違うことをしようとするチャレンジ精神にあふれた女性なので、まずはそこを褒めてあげる。

「こうして1人で新しい場所に行って、新しい人と出会って、気づき、学び、共感しようとしてるんだね。本当に素晴らしい女性だと思う」

さらに、僕も同じようなところがある。そんな2人がこうやって出会った。これは運命だよね。という論法です。

「Cちゃんのこともっともっと知りたいと思うし、俺のことももっと知ってほしいな」

イコール、セックスしたいってことですね。

我々男性は、旅行先のワンナイトラブを考えるとき、ある間違いを犯しがちです。「旅の恥はかき捨てなんだから何したっていいじゃないか」という攻め方もあるんですが、実際には成功率は低い。なぜか？

女の子は先々の関係を考えがちなので、今日限りの男だと思うと身体を開きづらくなるんです。

Cちゃんは東京に戻っても会える相手、つまり僕は、先々の関係を想像できる男ということになる。なので、「東京に戻ってからも仲良くして欲しいな」と強調しておくのは効果的です。お酒が残りわずかになったところで、2人でベッドにもたれかかりながら、お酒を口に含み、Cちゃんに口移ししました。

「んんっ…」

一瞬、身体を固くするCちゃん。コクコクとお酒を流しこむ。ベッドにお酒がこぼれるので拒否るわけにはいかない。舌が絡まってきて息づかいも荒くなる。

「せっかくの発見の旅なんだから、俺のことも発見してみる?」

押し倒して、寝間着のスウェットとパンツを同時に脱がしながら指を入れると、ニュルンニュルンに濡れてました。しっかり興奮してたんですね。

最後は、1人でタイ出張したときに出会ったバックパッカー女子のAちゃんです。

【たくましいバックパッカーちゃん編】タイ　Aちゃん 20代前半 フリーター

「旅ですか? 家出ですか?」

現地の空港のトランクやらキャリーバッグやらがゴロンゴロン流れてくる手荷物受け取り所で、大きなリュックを持ったラフな格好の女の子を発見したので、すぐに声かけしました。

「こんにちはー。旅ですか?　家出ですか?」

「フフフ、家出ではないです！」

やっぱり彼女は見たまんま、１人できたバックパッカーで、話を聞いたらかなりマニアックな場所を巡るみたい。僕もタイは何度も来たことがあるので一気に盛り上がりました。

「僕もしばらく滞在してるから、タイミングが合ったらどこかで飲みましょうよ」

で、ライン交換です。

毎日ラインでどこどこに行ったよみたいな軽いやりとりを続けていたら、４日目に彼女が僕のいるバンコクに来ることになったので、じゃ会おうかと。

『泊まる場所はどうするの？』

『まだ決めてないです。カオサンのゲストハウスにでも泊まろうかな』

ホテルに釣られてやってきました

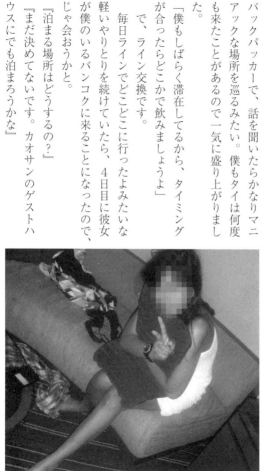

さすがバックパッカー、安いとこに泊まるみたい。そこで冗談ぽく提案してみました。

『いま泊まってるとこ、ベッド超デカいし使っていいよ。(エロい意味じゃなく笑)。俺はどこでも寝れるから、ソファでもいいしね』

『えー、遠慮しておきます　笑』

そりゃそうですよね。

誘いをもう一回繰り出す価値あり

22時ごろ、カオサンロードで合流して飲み会スタートです。色んな国のバックパッカーやヒッピーが集まってオープンテラスのようなお店でガチャガチャ飲むようなところです。

女の子1人で旅行に来るような冒険好きなタイプを口説くときには、チャンレンジ精神がほかの人より強いって部分を褒めてあげるのが大事です。

「日本人って人と違うことをすることを嫌がるけど、Aは違う。1人で新しいことにチャレンジしたり、新しい人と出会ったり、新しい場所に行って、気づき、学び、人と共感しようとしている。素晴らしい女性だと思うよ」(どこかで聞いたセリフですね。笑)

さらに、実は僕も同じところがある、いずれは海外を飛び回って、多くの人間と関わって大きな仕事を成し遂げたい、てな具合に具体的な夢を語り、相手の夢も聞いて応援してあげるんです。旅好きな女子、とくにバックパッカーをするような子には、こういう会話が刺さるんです。

互いに色々な話をしながら2時間ほど飲んだところで、そろそろｓａｉのホテルに行こうかと誘いました。ここまでの会話で一応は信用されている自信はあったので、ここでの冗談っぽい誘いをもう一回繰り出す価値ありとみたのです。

「本当に泊めてもらってもいいんですか？」

ほらほら、きましたよ。

「もちろんだよ。俺はソファで寝るから安心して」

結果、すんなり2人でホテルに移動することになりました。Aちゃんに先にシャワーを浴びさせてあげてから、寝る前の晩酌タイム

騎乗位の写真がなくてごめんなさい！

です。

「ぶっちゃけ言っていい？　Aちゃんのこともっと知りたい。俺のことももっと知ってほしいな」

ディープキスから手マンするとグチョングチョン状態。完全ノーグダでの対局です。

この子も海外慣れしてるからか、日本人のわりには積極的で、自ら上に乗ってきて、「あ～ん、あ～ん」と大声を上げながら腰をせっせと振ってくれました。

★

最後に、海外旅行ナンパしようと考えている男性読者さまのために、追加情報を一つだけ。

初心者におすすめなスポットは、ダントツでグアムです。

第一に、日本から近くて安いので行きやすい。だから大学生の女の子が多いんです。

「韓国や台湾とかよりも、南の島がよくない？」

そんな感じの卒業旅行の女子が非常に多いですね。

さらに人が集まる場所はメインストリートしかないので、声掛けがめちゃめちゃしやすいのもポイント。ビーチか、泊まってるホテルのロビーか、おみやげ屋さんか、そのメインストリートの4カ所だけに絞られるので、効率的に動けます。

大事な注意点として、1人旅ではなく、2人以上のグループで行くこと。グアムに1人旅の女の子はいませんから。

声掛けから「後で飲もうよ」と連絡先を聞いておいて、お店で合コン↓部屋飲み↓1対1に分断↓自分の部屋で対局。

これが黄金パターンなので、参考にしてくださいね。

リポート
菅原ぽん太
フリーライター

『裏モノJAPAN』2013年5月号掲載

新宿2丁目に地上の楽園、発見

衝撃！乳揉み＆手マンやり放題ディスコ

クラブやディスコというと、何かとんでもなく破廉恥な場所を連想する人がいるようだが、それはまったくの誤解だ。

たしかにああいった店ではナンパ男をよく見かけるし、ビッチな女も多い。だからその結果、トイレでこっそりハメハメなんて状況も時には起こったりする。

だが、所詮はその程度だ。必死に口説き口説かれした男女が、互いに納得してエロいことをする。こんなものは破廉恥とは呼ばないし、非常識でもない。むしろ、ちゃんとした手順にのっとっているぶん、いたって常識的な行為といえるだろう。

ところが、新宿2丁目にある老舗ディスコ『S』は、そこらの店とはだいぶん趣が異なるらしい…。

踊りながらおれの股間にふわっと手を…

某週末、夜10時。2丁目のメインストリートは大勢の若い男女の熱気でむせかえっていた。街全体が浮かれまくっているようだ。

目指す店は、そのメインストリートから脇道に入った先の、古びた雑居ビルの2階にあった。

入り口のドアを開く。いきなりクラシカルなディスコミュージックが大音量で鳴りひびき、目の前の狭い通路まで客が溢れている。かなり混んでるようだ。

ひとまず奥のカウンターで入場料を支払い（1千円。1ドリンク付き）、中の様子をうかがう。全体の広さは30畳ほどで、中央にあるこぢんまりとしたダンスフロアを囲むようにして、DJブースやソファ席が配置されている。

客の数はざっと40人。男女比はほぼ半々といったところか。年齢層は20代から50代とかなり幅広いが、もっとも目立つのは男女ともに30代のようだ。

そして、さすが2丁目だなと感心するのは、それら一般人に混じって、オカマがちらほら見受けられることだ。中にはビキニの水着姿で店内を練り歩く、イカれた女装オヤジもいる。なんというか、自由でよござんすね。

ひとまず席に座り、ビールを飲む。ダンスフ

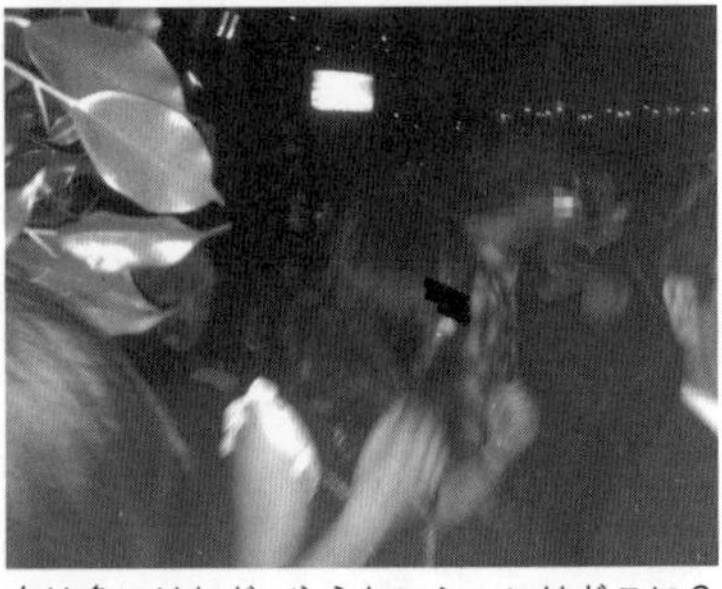

女は多いけれど、やらしいシーンはどこに？

ロアでは、大勢の客が楽しげに踊っているが、今のところ乱れた感じは見受けられない。何組かのカップルがあちこちでいちゃついているだけだ。でも、来たばっかりだしな。もうちょい様子を見ても悪くない。

てなワケで、おれもダンスフロアへ。曲のリズムに合わせ、体を揺らす。へっ、ほっ、へっ、うりゃ！　楽しい～。

目の前にえらくセクシーな腰つきのネーチャンがいた。気持ちよさそうに尻をフリフリしながら英語の歌詞を口ずさんでいる。思わず声をかけた。

「いいねいいねぇ～。カッコいいねぇ～」

「はは、どうも」

そう言って彼女は踊りながらおれの股間にふわっと手を触れてきた。うおっ、何だこのコ。すげー挑発的だな。

「ここにはよく来る？」

尋ねるおれに、彼女は「たまにね」と笑顔で答え、くるりと背を向けた。何となくOKな気がして、揺れる尻をなで回してみる。

「あははは、手つきがエローい」

いいんだ？　ケツの肉をワシ掴みしてんのに笑うんだ？

調子に乗ってお次は胸をモミモミ。うひょー柔らけー。

「きゃー、こらこら。オニーサン、待って待って」

さすがにすぐ手を振り払われてしまった。でも、まったく怒ってる様子はない。どちらかといえば、ちょっと嬉しそうだ。何なのこれ。ろくに会話も交わしてないのに、いきなりこんなことをして許さちゃうなんて。めっちゃ楽しいんですけど！

胸をツンツン「いや～ん濡れちゃう～」

トイレから戻ると、先ほどのネーチャンは他の男性客と手を取り合って踊っていた。互いの体を密着させてこの上なくいいムードである。もはやおれの入り込む余地はない。ちぇっ、何だよ。

と、そのとき、後ろから誰かが上着を引っ張った。何だ？

「ひゃははは、イエーイ。楽しいねぇ～」

女だ。30前後のちょいポチャちゃんが、いつの間にかおれの腰に手を添えて踊っている。

こりゃまた積極的なコだ。

「こら、ビックリしたじゃんよ」

そう言って冗談めかしく大きな胸をツンツンしてやると、彼女も負けじとわざとらしい声を上げる。腰をくねらせ、バストを両手でぎゅーっと挟みながら。

「いやーん、濡れちゃう〜」

ノリ良すぎやろ！

反射的に「どれどれ？」と服の上から股間にタッチしてみた。そのままグリグリッとこするように刺激し、様子を伺う。

なんら動じない。どころか相変わらず芝居っけたっぷりの表情で悶えてみせる始末だ。

「ああん、ダ・メ・よ。やりたくなっちゃう〜」

ちょっとこれ、マジでやれちゃうんじゃね？

耳元に顔を近づけた。

「ねえ、あそこに座らない？」

指さしたのは角にあるソファ席だ。あそこなら本格的にお触りできると思ったのだが、

「いや〜ん、濡れちゃう〜」ってノリ良すぎやろ！

「ええ〜。私、もうちょっと踊りたいの。ゴメンね」

やんわりと断られてしまった。そのうち、別の男性客に声をかけられた彼女は店の奥に消えていった。ち、功を焦ったか。

でも、まあ、これでようやく場の空気にも慣れたというものだ。以後は、こっちからもどんどん積極的に話しかけていこうじゃないの。いくぜ！

知り合ってわずか5分でディープキスに手マン！

「イエーイ、楽しいねぇ」

「飲んでる？　おごろっか？」

こんな感じで声をかけていくことわずか4、5人目で、はやくもヒットが。

セレブっぽい格好の女がノリノリで食いついてきたのだ。歳は30前半といったところか。

「やだぁ、何かオニーサンの顔、すごくエロいねぇ」

「エロいのは顔だけじゃないよ」

すかさず彼女に抱きつき、腰を密着させてみる。抵抗はない。むしろおれのケツに手を回してきたほどだ。ホント、このアグレッシブさは何なんでしょう。

「ねえ、ソファ席に行かない？　ゆっくり話そうよ」

即座に彼女は首を縦に振った。

「うん、いいよ」

席に着くと同時にふくよかな太ももに手を置く。

「ここはよく来るの？」

「うーん、まだ4、5回目くらいかな」

「何かここの客ってみんなフレンドリーだよね。ちょっとエッチっぽいっていうか」

「そうそう。それで私も気に入っちゃったの。あははは」

ふと目があった瞬間、何か確信めいたものを感じたおれは、迷わずキスをした。ぶちゅー。我ながら、まだ知り合って5分という状況での、チョー積極プレイである。

果たして彼女の反応は……。

レロレロレロ。はい、おれの口に舌が滑り込んできました。もらっちゃいました。ウソみてぇ！

そのままたっぷり唾液たっぷりのイヤらしいキスを続けながら、服の上から胸をこねくり回す。そのたびに彼女は小さくため息をついた。

いきなり抱きついても余裕の笑顔のセレブ風

「ふう、ふう、あっ」

　次は股間へ。スカートをたくし上げ、敏感な部分をストッキング越しにゆっくりと刺激する。しばらくして、指先にナマ温かい湿り気を感じた。エロい。もうびしょびしょってか。

「あの、濡れてきてるんだけど」

「やだぁ」

　照れ笑いを浮かべながら、しかし手は大胆にもおれの股間に置き、固くなったものをニギニギする彼女。なかなかやりよるでないの。

　半ば夢心地で周囲のソファ席に目を配ると、おれたちのようなペッティングカップルが3組ほど点々としている。そのうちの1組は、一番最初におれと絡んだセクシーネーチャンと、今日はじめて見る男性客だ。一連の流れを振り返るに、あのネーサンもまた知り合ったばかりの男とああいう風になった可能性が高い。まったく、なんてディスコだ！

　ふたたび、隣でおれの股間をいじる彼女に視線を戻す。ストッキング越しの手マンがよほど良かったのか、すでにグッ

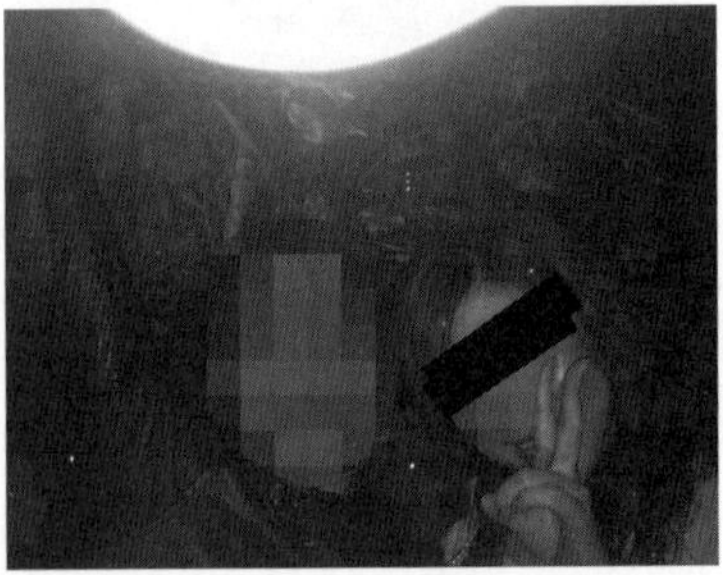
店内でしっかり愛撫した結果……

タリとして身をゆだねている。

淫らなムード満載の店内とはいえ、さすがにこのままセックスなどできない。おれは言った。

「ねえ、ここ出ようよ。どっかゆっくりできるとこに行かない?」

彼女は無言のままうっすらと目を開け、こくりと頷いた。

いただきます!

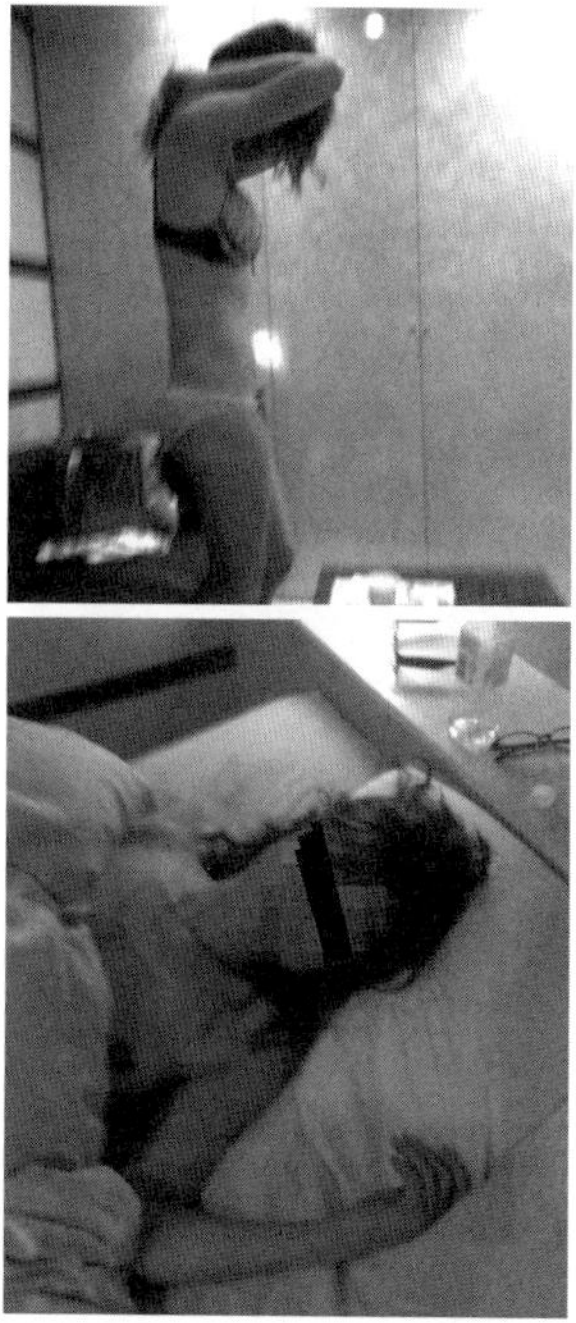
ラクショーでホテルへ。簡単すぎる…

射精を目指すのなら狙うはBタイプ

いやー、スゴイ。まさか女客の体を触れまくれるのみならず、あんな簡単にセックスにまで持ち込めるとは。うわさ以上のどえらいディスコだと認めざるを得ない。

とはいえ、おれが見た限り、あそこにいるすべての女がお触りＯＫのエロキャラだというワケではない。実際のところ、下ネタを露骨に嫌がる、ごく普通のマジメなコも少なからずいるのだ。

さらに、エロキャラ女子も、その性質によって2パターンに分類できる。冗談で乳揉みするくらいなら余裕でＯＫでも、マジでペッティングしようものなら途端に及び腰になるＡタイプと、ヤリマン同然の何でもござれなＢタイプだ。

従って、射精を目指すのであれば、Ｂタイプを狙うのが手っ取り早いのだが、当然というべきか、直接話してみるまではＡかＢか、もっと言えば、エロキャラか普通のコかの見分けすらつかない。当たりを引くには、こつこつと地道に声をかけていく以外に方法はなさそうだ。

ともあれ、あのディスコが空前の、どえらい異空間であることに間違いはない。

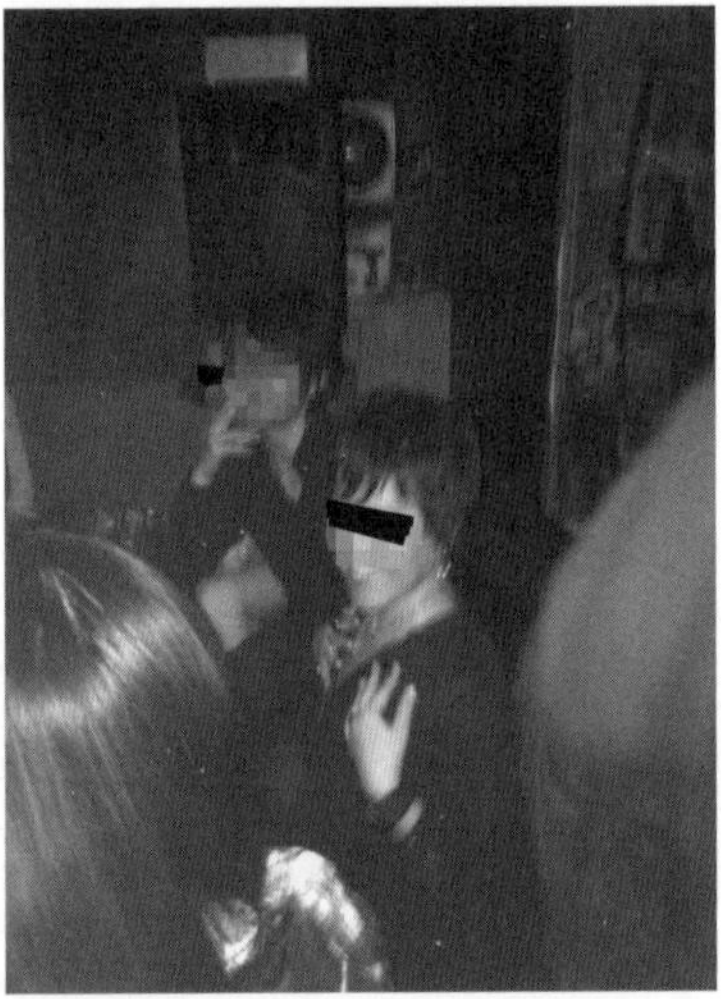
Ａタイプなら腐るほどいる

こうなりゃもっと楽しまなきゃソンだ。

翌日深夜、再びSへ。昨晩同様、ひどく混み合った店内を回遊魚のごとく探索し、脇の甘そうな女に片っ端から粉をかけていく。すぐさま乳揉みOK女が引っかかった。

「おお、いい乳してるじゃん。はいモミモミ～」

「きゃはは、やだぁ」

「おれのチンコも触って～」

「ちょ、勃起してるしぃ（笑）」

くっ、何て楽しいんだ！　しかし、彼女を壁際に押しつけ、股間に手を伸ばしたところで物言いが。

「こらこらダメだって。調子に乗らないの！」

ち、Aタイプだったか。ま、ここまでやれただけで儲けもんだ。とっとと次の獲物へゴー！

クリトリスをいじりまくってやろう

その後も立て続けにAタイプ2人の乳や尻をまさぐることに成功し、次はどいつに行こうかと思案していた矢先、スーツ姿の女がひとり、ふらふらとソファ席に向かうのが見えた。

1時間ほど前、職場の同僚らしき男3人と店にやって来て以来、おれが目を付けていた20

代前半と思しき女だ。なぜ目を付けていたかといえば、彼女、ダンスフロアで見知らぬ客に体を触られても、まったく嫌がらず、むしろふにゃふにゃと甘えるように体を預けていたのだ。それも複数の男に次から次へと。

その割にまだ店から連れ出されてないってことは、Aタイプの可能性が濃厚だが、それでもいい。なんたってカワイイんだし。

さっそくソファに座るスーツちゃんのもとへ急行すると、すっかり酔っぱらったのか、首をこくりこくりと揺らして寝息を立てていた。太ももをさすりながら話しかけてみる。

「おーい、寝ちゃってる？　元気ですかー？」

いかにも朦朧とした様子で顔を上げる彼女。

「…あ、はい。…大丈夫ですよ…えへへ」

何だその微笑みは。無防備にもほど

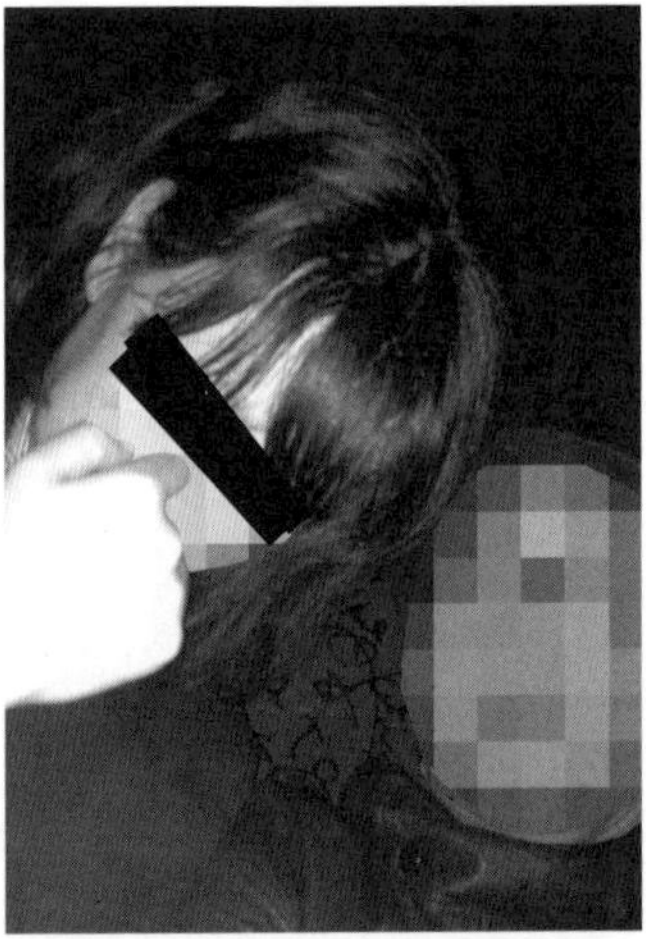

写真を撮りながらスーツちゃんを手マン中。邪魔が入らなければホテルに行けてたのに…

がある。これって行くとこまで行けるんじゃね？

「あの、今からキスするからね。いいよね？　行きますよ」

あとで揉めるのもイヤなので、ちゃんと通告してから唇を重ねる。うれしいことに、ねじ込んだ舌をちろちろと受け入れてくれた。うわ、興奮するっ。

「今からシャツのボタンを少し開けるよ」

ボタンを2つほど外し、その隙間から突っ込んだ手でブラをかいくぐり、ナマ乳首をつまんだ。まったく無抵抗の彼女は、ときおり艶めかしい吐息を吐いている。

今度は空いてる手をスカートの中へ。股間の周囲は、すぐにそれとわかるくらいの高湿度だ。よし、クリトリスをいじりまくってやろう。

「あふ、あふ」

指を動かすたび、がくがくと膝をふるわせる様がどうにもエロい。ああ、もうやりてぇ。お伺いを立てねば。

「ね、ホテルに行こうよ」

「…いいけど、私、もう動けないかも。連れてってってくれる？」

もちろんですとも！

ところが、目論見はあっけなく頓挫する。スーツちゃんを負ぶって店を出ようとした途端、一緒に来ていた同僚の男たちに行く手を阻まれたのだ。

「ちょっと、このコ、俺らの知り合いなんだけど。ナニ勝手に連れだそうとしてんの？」

何だかえらいご立腹だ。け、そんな心配なら最初からちゃんと見張っとけよ。

「うふふ、勃起してるよ。やだ、固〜い」

時刻は深夜3時を過ぎ、店内の客の姿もまばらになってきた。目新しい女もいないことだし、そろそろ潮時か。

帰り支度をはじめようとしたとき、入口のドアから見知らぬ女が入ってきた。常連なのか、入ってくるなり中を見回し、「あれ、今日は客が少ないねぇ」などと独り言をつぶやいている。肌の具合、腰回りの肉付きからいって、歳は30半ばといったところだろう。

いかにも酔っぱらってそうな足取りで、彼女がソファに身を沈めた。間を置かず、隣に座って話しかけてみる。

「こんばんは。今来たの？」

「そうそう」

「なんか常連っぽいね？」

「うん、結構来てるからね。今日は他のとこで飲み過ぎちゃったんだけどさ。ふふ」

　意味深な目つきで彼女が笑う。2日連続でこの店に通ったおれには、もはやこいつがBタイプであろうことは直感でわかった。

「はい、ちょっとゴメンよ〜」

　おどけながらズボン姿の両足に手をねじ込む。返す刀で陰部を指でくすぐると、案の定、彼女の表情が崩れた。

「あははは、何？　すごいね。いきなり？　あははははは」

　どでかい笑い声をふさぐように口を重ねた途端、露骨にうっとりと、熱い息をもらす。

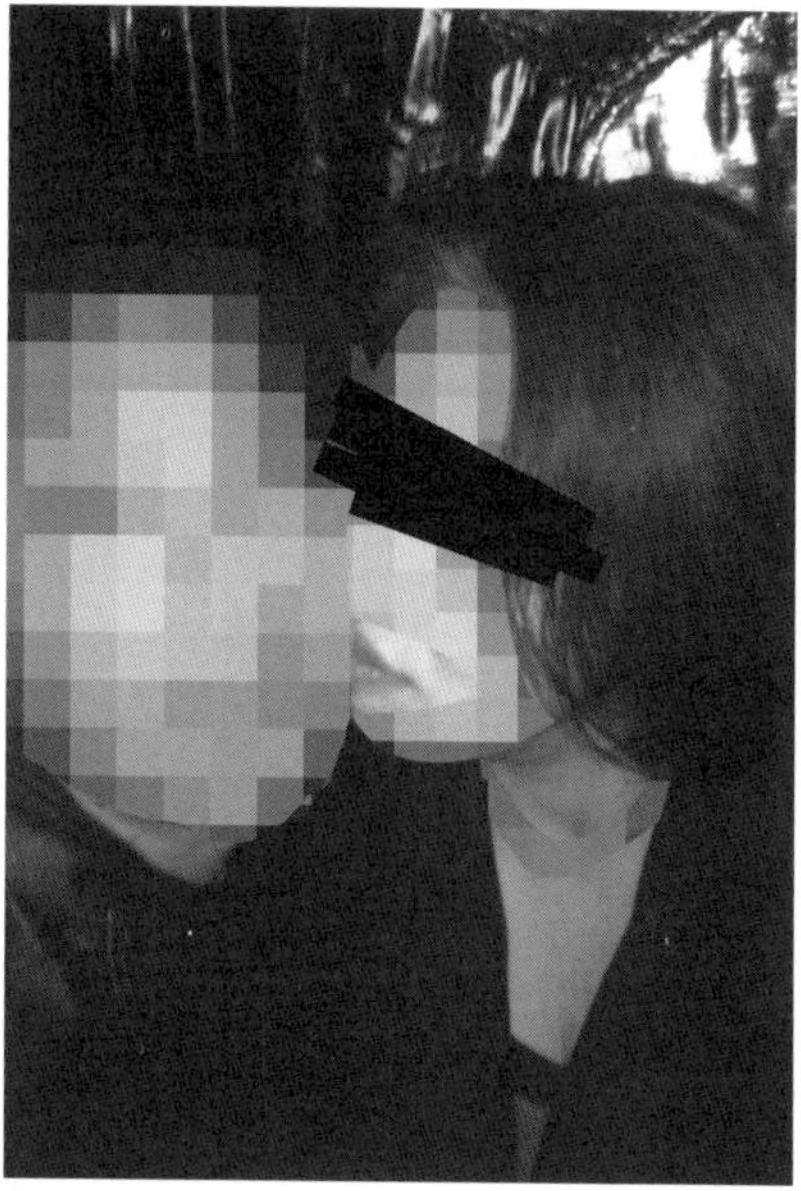
最後の最後にまたもヤリマンをゲット

「うん、あん、あん」
　やがて、彼女はギンギンの股間をまさぐりだした。その妙にがっついた様子は、いかにもチンコを求めてここへやって来ました感がありありで、もう何と言いますか、感動を通り越して呆れるほどだ。

「うふふ、勃起してるよ。やだ、固〜い」

このドスケベめ！

★

もはやヤリマンの巣窟と言っても過言ではない、ディスコS。恐るべしという他に、適当な感想が思いつかないほど強烈なところだった。週末に足を運べば、みなさんもその凄さを痛感すること間違いなしだ。

なお、同店には前述のとおり、かなりのオカマちゃんもいる。なにぶん店内がかなり暗いので、女性に声をかけるときはくれぐれも注意されたし。

巨乳をもてあそびながらたっぷり２発楽しませてもらいました

今、50代マダムがハメを外したがってる!

リポート
棚網キヨシ
43才 フリーライター

『裏モノJAPAN』2019年4月号掲載

いま、50代のマダムたちが、セックスに飢えているらしい。

50代といえば、まだ女として見られたいギリギリの年頃なのに、旦那はもちろん、周りの男たちにも相手にされなくなっていく。子供も手がかからなくなって時間を持て余すタイミングだ。

そんなマダムの前に、女として扱ってくれる男が現れたらどうなるか。どっぷりと愛欲の虜になりそうではないか。

昔なら彼女らも貞淑な妻でいつづけたのだろうが、右も左も欲望だらけの現在は、簡単にタガを外してしまうのだろう。

わずか3日で会う約束を

大手マッチングアプリを使って50代マダムを探すことにする。

まずはプロフを作成だ。写真は3年ぐらい前に撮影した写りのいい笑顔の1枚を選び、仕事と趣味、友人たちとの交流を楽しんでます、と前向きなコメントを載せて準備は完了。

さっそく、都内に住む50才から59才の女性を検索してみると、大量のプロフィールがズラリと並んだ。こんなに大勢の50代マダムが出会いを求めているのか…。

ひとまず写真を見て、少しでも若くて綺麗そうな女性に「いいね！」を押していく。

すると、5人の女性に「いいね！」を押したわずか10分ほどの間に、そのうち3人から「いいね！」が届いた。なんて反応が早いんだろう。ほんとに飢えてるんだな。

いいねをくれた1人目は、前髪で顔半分が隠れた写真を載せていたFさん（イニシャルしか表示されない）、52才だ。

現在、子供と同居中のバツイチ50代マダムで、コメント欄には、休日はまったり過ごし、たまにお酒を飲みに行くのが好きです、とある。

マッチングアプリは互いに「いいね！」し合えばメールできる仕組みなので、さっそく送ってみよう。

『こんにちは。いいね押して頂いてありがとうございます。タイプだったので連絡させてもらいました。女性にこんなことというのは失礼かもしれませんが、なんか格好いい方だなって思いました。良かったら仲良くしてください。名前は棚網って言います。よろしくです！』

翌日、返信が届いた。

『こんばんは。返信おそくなりごめんなさい。こちらこそいいね！　とトークありがとうございます（*^^*）　史絵といいます。よろしくお願いします（*^^*）ちょっと恥ずかしいですが…私もタイプだなと思いました☆』

タイプだそうだ。絵文字も散りばめられてテンションも高い。これ、もうヤレちゃうんじゃないの？

『史絵さん、こんばんは。嬉しいメールありがとうございます！　ぜひとも仲良くしてください。よかったら今度ゴハンでもご一緒しましょう。お子さんておいくつぐらいなんですか？

史絵さんのこと気軽にお誘いしても大丈夫なんでしょうか？　笑』

『棚網さん、こんばんは！　こちらこそです（*^^*）よろしくです！　子供は成人してます。私はよく飲み歩いてます笑』

メールのやり取りで、その週の土曜日に飲みに行くことが決まり、ラインの交換も済ませた。

水曜日にメールのやり取りを始めたので、わずか3日で会う約束を取り付けたことになる。マダムは話が早いな。

バッグから老眼鏡を取り出し…

寒波のせいで雪がチラつく土曜日の夜。待ち合わせの新宿アルタの1階で史絵さんと待ち合わせる。

約束の時間ちょうどに、それらしき女性を発見した。

「どうも、はじめまして。雪がふっちゃいましたね」

「はじめまして。まさかこんな天気になるとは思いませんでしたね～」

長い髪の毛と落ち着いた声、そして高そうなダウンコートとバッグ。第一印象は上品なおばさんといった感じだ。プロフ写真とほぼ同じイメージだし、平均的な50代よりは若い感じがする。

彼女の普段の飲み歩きの話を聞きながら、キレイ目な焼き鳥屋に入った。

「いや〜、緊張する！　なんか、すみません」

どうやら彼女が恐縮している理由は、自分がおばさんだからってことみたいだ。わきまえてるな。可愛らしいじゃないか。

メニュー表を彼女に差し出すと、「すみません、ちょっと見えなくて…」と言いながらバッグから老眼鏡を取り出し、慣れた手付きでかけた。

ふむ、さすが50代。

彼女がビール、俺がハイボールでまずは乾杯だ。

「一杯目にハイボールなんですね」

「ええ、わりと多いですよ」

「私は、いきなり日本酒ってこともありますけどね」

どうやら彼女、日本酒の会というのに頻繁に参加するほどの酒好きらしい。遠慮しないでガンガン飲

ちょっと老眼気味なんですって

んでください。

最初は互いの仕事や家庭の話になり、成人した子供との暮らしぶりなどを聞いていく。

彼女が結構なハイペースで一杯目のビールを飲み干したところで、男女関係についても突っ込んでみることに。

「離婚されてるんですよね？　円満離婚だったんですか？」

「うん、円満。いまも会ってお酒飲んだりもするし。もう離婚して10年になるかな」

10年か。それじゃさぞかし体も疼くことだろうな。

史絵さんは、ビールを続けて2杯、さらにハイボール2杯と、結構なペースで開けていく。

こちらにも過去の恋愛について質問されたので、適当な作り話をして、場をつないでいく。

「史絵さんのタイプってどんな男なの？」

「うーん、なんかね、手を繋げるかどうかなんらよね。それがバロメータになってる」

いつの間にか、史絵さんのろれつがまわらなくなってるぞ。

「じゃ、ちょっとつないでみようか」

彼女の手を握ってみた。少しカサついて骨ばった手だ。

50代という年齢のせいなのか、やっぱり潤いが少ない。

「どう？」

「うん、イヤな感じはしないよ」

「そっか、よかった。じゃ嫌いなタイプはどんな男？」

「臭い人、かな」

過去には体臭が苦手で付き合えなかったこともあるそうな。

「俺の匂いは大丈夫？　いま臭くない？」

「うふふ、大丈夫だと思う」

「俺も匂いは大事だと思うんですよ。ちょっと史絵さんの匂い、嗅がせてください」

「え～、やだ～」

カサついた手を取って匂いを嗅ぐ。彼女の顔をチラ見したら、目がトロンとしているじゃないか。まだ一軒目なのに。もうホテルに連れ込めちゃうんじゃないの？


「ああ、またいぐっ！　いっちゃう！」


ただいま夜の9時。

「史絵さん、まだ帰らなくても大丈夫でしょ？」

「う～ん、このあとはアレですよ」

「何か用事あるんですか？」

「いや、ないです。終電で帰れればＯＫかな」

よし、大丈夫だ。

手をつなぎ、世間話をしながら、ホテル街に向かって歩いていく。途中、当然のようにコンビニに立ち寄り、飲み物を買って、近くのラブホへ入った。こんなにスムーズに進むとはおもってもみなかった。びっくりするぐらい簡単だったな。

２人でホテルのソファに座り、コンビニで買った酒で乾杯だ。ソファに並んで座って、しばらく雑談。

ふと静まったところでキスをする。

「んん…」

柔らかい唇の間から舌がヌルっと出てきて、こちらの唇に吸い付いてくる。静かな部屋にぴちゃぴちゃといやらしい音が響く。

ニットワンピースを脱がせようとしたら「ダメ！」と制された。

「なんで？」

「タイツはいてるし」

「見られたくないってこと？　じゃ目つぶるから」

目をつぶり、強引に立たせてタイツを脱がせると、すべすべの太ももが現れた。なんだか肌も柔らかくてエロいじゃないか。

太ももにキスしながらパンツの上から股間に手をのばす。すでにヌルンヌルンになってるのがわかる。

隙間から指を入れると、「んん～」と色っぽい声が漏れた。

そのまま、ベッドの上に押し倒して、ニットワンピを脱がし、同時にブラのホックを外しておっぱいを舐めまくる。胸はそれほど大きくないが、肌が白くて柔らかいし、感度も良好だ。

互いに貪るようなキスをしながら、マンコにやさしく手を当て、ヌルンと指をすべりこませる。

「やん、や、ああ、ああん、ダメ！　いぐっ、ああん、いぐっ！　いぐっ…ううう！」

キスをしながら俺の首に腕をまわし、身体をビクンビクンさせてのけぞる史絵さん。

1分も経たないうちに絶頂に達してしまった。

はあはあと肩で息をしながら、彼女が俺の上に移動してきて、ペロペロフェラが始まった。

すばらしい。体さばきが自然で滑らか。セックスに慣れてる感じがします。

フェラテクも素晴らしかった。ペロペロと舐め上げたり、ねっとりとねぶるようなフェラ

フェラ上手すぎだろ！

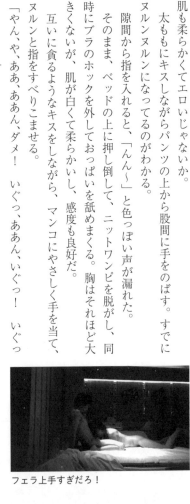

をしたかと思えば、のどの奥までズッポリ咥えてゆっくりと上下する。

この早すぎず遅すぎない動き。勘どころがいい。しばらくねっとりフェラを堪能したところで、クンニのお返しだ。

少々長いが少なめの陰毛をかき分けて、ヌルヌルのマンコに舌を這わせると、「んあああ～！」と大きめ、かつ太めの喘ぎ声がもれた。

「舐められるの好きなの？」

「うん、好きぃ！　舐めて欲しい！」

淫乱だな～。じゃペロペロペロ…。

「ああ、またいぐっ！　いっちゃう！」

身体をビクビクさせて2度めの絶頂だ。

そろそろ入れちゃいましょう。

キスしながら覆いかぶさった。彼女はごくごく自然な感じで両脚で挟み込んでくる。

そのまま当たり前のようにナマ挿入だ。

子供を産んでるわりには、締り具合は悪くない。どころかアンアン喘ぎながら子宮口のグリグリをチンコに押し当ててきて、「あああぁ～っ」と大きな声を上げてまた絶頂。ほんと

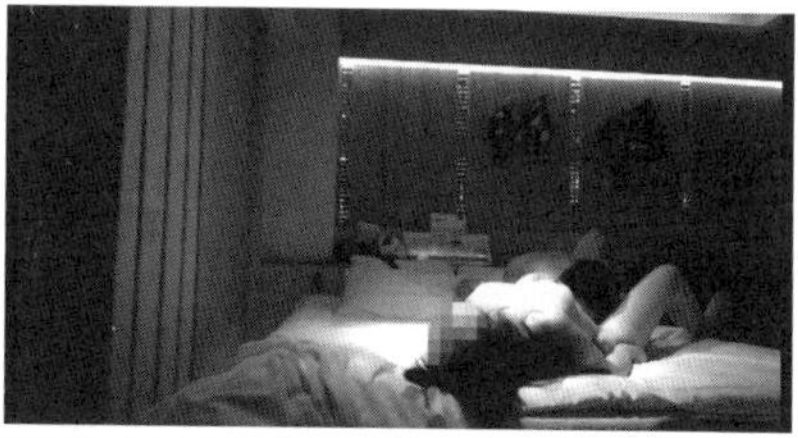

舐められるの大好きなんだって

にスケベですよこの人。

さらに騎乗位でも身体をガクガクさせて絶頂、また正常位、寝バックからのまた正常位と、体位を変えるたびに絶頂に達し、そのまま2時間近く、ずっと挿入しっぱなしのイキっぱなし。

結局、終電で帰るという話はいつの間にか流れてしまい、何度か休憩を挟みながら、朝の4時までハメ倒したのだった。

こんなにエロくて長くて充実したセックスは久々だ。

体を震わせてました

ずいぶん軽い調子の50代だな

時間をマッチングアプリを始めた初日の水曜日に戻そう。実際にはいいね！　をくれた3人の女性と、同時にメールのやり取りをしていたのだ。

2人目は色白で細身のYさん、51才だ。プロフによれば、彼女も離婚歴があり、現在は実家暮らしとある。

すぐさまメール送信だ。

『いいねして頂いてありがとうございます！　棚網っていいます。よろしくお願いします！』

『陽子って言います。神奈川の◯◯に住んでますっ!!　宜しくお願いしますっ!!　どちらに住んでますか!?』

最初のメールを送ってから、わずか1分後に返信が届いた。めちゃくちゃ早いぞ。

『僕の家は都内の◯◯です。意外と近いですよね』

『え～そうなんだっ!!　なんでマッチングしてくれたんですかぁ～!?』

『素敵だし、お話できたら楽しそうだと思ったからですよ！』

このあと、しばらくファッションやオシャレカフェの話題などが続き、ライン交換することに。

ラインで挨拶を済ませ、さらに何度かのやり取りが続き、こちらの休日の予定や、カノジョの有無などの質問に答えていく。

『陽子さん、よかったら近々軽くゴハンでも食べにいきませんか？』

『いいよぉ～！♪』

ずいぶん軽い調子の50代だな。最近はこんなもんなのか？

トントン拍子に、その週の日曜日の昼間に、都内で会うことになった。

前日の土曜日に1人めの史絵さんとの約束があったので日曜日アポになったのだ。

マダムは話が早いんです。

恥じらいがないんでしょうね

史絵さんと朝までセックスしたその日のお昼、待ち合わせた渋谷のビックカメラ前に立っていると、細身の女性が近づいてきた。

「あ、どうも、陽子さん？」

「どうもどうも〜　ハハっ！　うける！」

独特のノリでしゃべる人だ。顔には少々シワが目立つが、色白の美人熟女さんで、若いときはかなりの美形だったと想像できる。

まずはランチへ。互いの仕事や家族の話になり、弟さんがガチのオタクで恐いだの、某ショップで働いてる一人息子が自慢のイケメンだなんてくだらない話をしばらく聞く。

「旦那さんとはどうして別れたんですか？」

「え、借金だよ借金。すごいんだよ。借金あること隠して私と結婚して、半年後にヤクザが金返せって来てバレて、それで別れたんだから」

そのわずか半年の結婚生活で妊娠したので、結局1人で子供を育てたんだそうな。

「で、彼氏はいないんですか？」

「いたいた。最近までいたんだけど、私ドレイのような感じだったから別れたの」

ドレイ？　この人、ひょっとしてドMなのかな？

「ねえ、陽子さんってMでしょ？」

「違うって。違うよ」

「てかドMでしょ？」

「違うって。ドMはヤダな。え、棚網くんってSなの？」

「まあ、どっちかって言ったらSかな。でも変な性癖はないよ」

「うふふふ！　やだ～」

やっぱり50代って何でもあっけらかんと話すもんなんだな。恥じらいがないんでしょうね。


「頑張ってくれるの。いっぱい舐めてくれたり」


ランチを食べ終え、ブラブラと渋谷の街を歩きながら、唐突にホテルに誘ってみることにした。

「ねえ、陽子さんさ、今日は何時までに帰るみたいのはあるの？」

「え、ないよ」

「そうなんだ。じゃあさ、外寒いし、ホテルにでも入って軽く飲みながらお話しようよ」

「え、やだよ」

「どうして？」

「だってまだ明るいじゃん」

「え、暗くなったらいいの？」

「そういうわけじゃないけどさ」

「じゃさ、暗くなるまで軽く酒でも飲む？」

「え〜、うん。まあいいよ」

いいんだ。暗くなったらホテルに行けるってことかな。やっぱこの人、押しに弱いのかもしれない。ドMだよ。

まあいいや、ひとまず飲める店に入ろう。

少し歩いたとこにあった小洒落たダイニングバーに入り、ビールとカクテルを頼んで乾杯する。

「陽子さんさ、元カレって俺様な感じはあった？」

「うん、そんな感じだったかも。なんでわかるの？」

「いやなんとなくだけど。その人って、どんなセックスする人だったの？」

「あ〜、セックスはね、すごかった。なんか普段は自分勝手なのに、そういうときだけ頑張っ

「うん、いっぱい舐めてくれたり」
マダムに恥じらいはないのか？

てくれるの。いっぱい舐めてくれたり」

　これが初対面同士でする会話というのが驚きだ。いいね～50代マダム。

「あの、一応僕もアピールしたいんだけど、女の人を喜ばせるのが好きなんですよ。なんなら射精とかしなくてもいいから」

「アハハ！　何言ってんの！　え、そうなの？」

「そうなの。女の人が喜んでくれないと、自分も興奮できないから」

「んん！　そうなんだ。あ～、いいじゃん。そういう人じゃないとつまんない」

「でしょ？」

　もう外も暗くなってきたし、ホテルいっちゃおうかな。

「ね、そろそろ出ませんか？」

「え？　うん、いいよ」

　よ～し、じゃ参りましょうか。

お尻の方まで大量のヌルヌルが

　渋谷のホテル街の方へ歩き、手を握ると自然に握り返してくれた。

「ねえ、いま私たちどこに向かってるの？」

「え？　ホテルだよ」

「ほんとに行くの？　今日会ったばかりなのに？」

あれ？　陽子さん、意外と面倒なこと言うんだな。

「じゃ、2回目のデートだったらいいの？」

「そういうわけじゃないけどさ。初日はさすがに早いでしょ〜」

「いや、早めに2人の相性を確かめといた方がいいって」

「そうかな〜」

なんて会話をしているうちに、ホテルに到着。ここまで来たら、面倒な話は一切しなくなった。昨日に続いて楽勝だな〜。

2人で部屋に入り、ソファに座って一息だ。

さて、キスしちゃおうかな。

「え、なになになに」

「いや警戒しないで」

「てかさ、いつもしょっぱなから行くの？」

またいきなりホテルに連れ込まれたことを言ってるのか。

「行くよ。過去に付き合ったコは、全員会ったその日にしてる」

「ほんとに〜！　すごいね」

隙をみて、首元にキスをする。

「くすいって！　きゃははは、くすい！　なにしてんの〜」

首元から口元に移ると、ようやく静かになって唇を重ねてくれた。そのままベッドに押し倒し、服とブラを剥いでいく。

陽子さん、細いな。そして肌が白い。

揉みしだきながら乳首にキスをする。はあああ〜っと、長いため息が漏れた。胸はAカップあるかないかの小さめサイズだが、感度はかなり良好のようだ。

首元にキスしながら股間を確認だ。お尻の方まで大量のヌルヌルが流れ出てる。えっろいな〜。

徐々に下がっていき、パンツをズラしてクンニ開始。ヌルヌルの愛液を舌ですくうようにして、マンコ全体を柔らかく舐めていく。

「ああ〜いいよ〜、あああん、あああ」

舐められるのが好きだと言っていたが、この感じ方は尋常じゃない。

ヌルヌルの膣に薬指を一本入れてみる。おおっ、ものすごいキツキツじゃないか。

お望みのクンニ攻撃だ！

そのままクンニ&指入れプレイをつづけていたら、両脚をピーンと揃えて「イクイクイクイクッ！」と小刻みな絶叫が。イッたみたいだ。

間髪入れずに、正常位の体勢で挿入していく。またもやナマ挿入でも物言いは入らなかった。

「んんんあ〜!!」

本日一番の大声が出た。そのままガンガン腰を振って、騎乗位になると、陽子さんが狂ったように腰を前後に振り出した。なんてエロいんでしょう。しかもめっちゃ気持ちいい。

それにしても本当に締りがいいな。子供を産んでるはずなのにこの締め付けはおかしいぞ。

と思って、腰を振りながら彼女のお腹を見たら、真ん中に手術の跡があった。

「ね、ひょっとして帝王切開だったの？」

チンポを抜いて質問した。

「そう。ココが狭すぎて、子供が危ないからって緊急帝王切開で産んだの」

なるほど、これだけのキツマンじゃ赤ちゃんも死ぬかも。

「どおりでキツイわけだわ」

プロ以上のテクニックでした

「そうなんだよね。キツイからってみんなすぐイッちゃうの」と言いながら、立ち膝状態の俺のチンポを咥えてくる陽子さん。おおっ、またもやフェラ上手！

手を併用したねっとり系の基本ワザもすばらしいが、歌舞伎役者みたいに首をグルグル回したり、玉袋をやさしく舌の腹で舐め回すテクニックは、風俗でもされたことないぞ。過去のドSな男たちに仕込まれたんだな。

最後は射精せずに終えようと思ったが「絶対イッてくれなきゃヤダ！」と言われたので、腹の上に出した。

今回も充実のセックスだ。

★

いいねをくれた3人目のRさんは、メールのやり取りが始まった翌日、ぎっくり腰になったせいで会えずじまいだが、もしも対面できていたらヤレていたような気がする。

50代マダムが飢えてるって噂。本当です。そしてクンニにも飢えてます。

みんな騎乗位が上手だなぁ

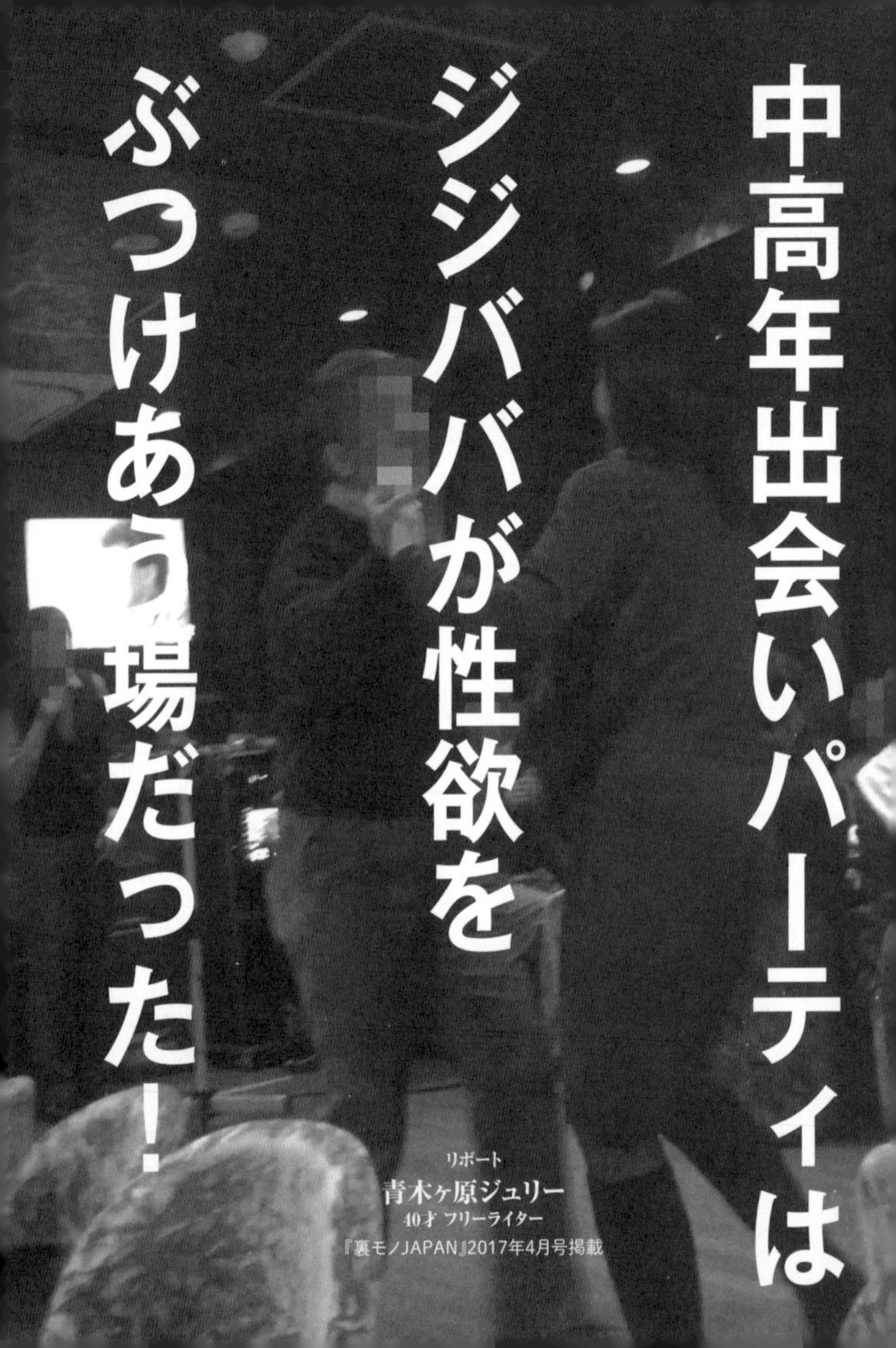

中高年出会いパーティは
ジジババが性欲を
ぶつけあう場だった！

リポート
青木ヶ原ジュリー
40才 フリーライター

『裏モノJAPAN』2017年4月号掲載

出会いパーティといって我々がまず思い浮かべるのは、結婚を意識した20代〜30代の男女が集まり、回転寿司形式の自己紹介を経て、最後にカップリングが行われる、そんなイベントだろう。

ところが世間には、そういったものとは別に、50才オーバーのシニア世代を対象とした出会いパーティというものもある。

会場に集まった男女が、酒とカラオケで盛り上がる場で、その主旨は、離婚や死別で伴侶を失い、さびしい独身生活を送る中高年が、友人探しやパートナー探しをするってなことになっている。

と言えば聞こえはいいが、実際のところは必ずしも、そんな健全な集いとは限らないらしい。シニア専用の出会いパーティには、性欲を持て余した男女がわんさかやってきて、さながらセックスパートナー探しの場と化しているなんて噂もチラホラ聞こえてくるからだ。

真相を確かめる価値は大いにあると思う。もし黒木ひとみ（56才）のような美魔女からグイグイ迫られたら…なんて想像するだけで股間が充血しちゃう！

これじゃ単なる老人会じゃん！

さっそく、ネットで「中高年　出会いパーティ」と検索してみたところ、東京のジジババ街、巣鴨でカラオケ&社交ダンスパーティを主催している業者が見つかった。

HPによると参加資格は男40才以上、女35才以上となっており、毎回40人~60人ほどが集まるらしい。規模としては申し分ない大きさだ。

ちなみにこの業者は、入会時に独身証明書（役所で発行してくれる）の提示を義務づけているが、イベントの初参加者は体験入会の名目で書類提出を免除される。したがっておれのような既婚者でも独身を偽っての参加は可能だ。

イベントは午前11時半にスタートし、午後4時に終了というスケジュールなのだが、当日、会場である巣鴨のスナックに到着したのは午後2時ちょうど。おれとしたことがこれほど大幅な遅刻をするなんて。出遅れた分をきっちり挽回せねば。

受付を終え、鼻息荒くフロアへ。スタッフに案内された席に座り、あらためて周囲を見回す。

普段、スナックとして使われている店内は30畳ほどと広く、四方の壁に沿うように、た

年寄りしかないないし！

くさんのテーブル席が並んでいる。

そして会場の奥では参加者の男性がカラオケを熱唱し、フロアにはその曲に合わせ社交ダンスに興じる数組の男女の姿が。他の参加者は各自のテーブルで酒を飲みながら、周囲と談笑中といった状況だ。

それにしても、店内を埋め尽くすこの参加者の顔ぶれは、いったいどういうことだろう。どこを見渡しても、よぼよぼのジーサン、シワくちゃのバーサン、シミだらけのジーサン、ハゲたジーサン、チンチクリンなバーサン…。これじゃ単なる老人会じゃん！

あの2人、たぶんヤルよ

よーく目を凝らせば、遠く離れた席に、50代前半と思しき、そこそこ見た目もマシな熟女2人組も確認できるが、残りの女はほぼ60オーバーというムゴい状況に、脳みそがシビレてくる。

おまけに男女比もおかしい。7対3と男が圧倒的に多く、いまおれが座っている周囲にもジジイしかいないのだ。なんてこった。

嘆いていると、隣のジーサンが話しかけてきた。歳は60代後半といったところか。

「見ない顔だね？　はじめて？」

「あ、はい。ずいぶんにぎやかで楽しそうですけど、思ったよりご年配の方ばかりなんですね」

「こういうパーティは年寄りばっかりだよ。女は60前後、男は60後半が一番多いんだから」

このジーサン、なかなか積極的なタイプのようで、複数のパーティ業者に登録し、ヒマさえあればいろんなイベントに顔を出しているという。

「そんなに楽しいもんですか?」

「そりゃ楽しいよ。家にいたってすることないけど、こういうところに来れば話し相手がいっぱいいるんだから。それにさ…」

「はい」

ここでジーサンが、内緒話をするように手で口を隠した。

「結構スケベな女も来るから、そっちの方もお楽しみっていうかさ…えへへ。わかるでしょ?」

スケベな女って、ここにいるバーサンみたいな人たちのこと? ウソだろ?

「そんな高齢者の女性でも性欲あるんです

比較的マシな50代女もわずかにいるが…

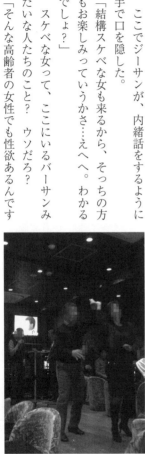

か?」

「何言ってんの、あるに決まってるじゃない。男だってそっち目的の人が多いんだから。ほら、ちょっとあそこの2人とか見てごらんよ」

ジーサンがアゴをしゃくった先に、楽しそうに話し込む1組の男女が見えた。両人とも70手前といった感じのご老人だ。

「あの2人、パーティが終わったらたぶんヤルよ。さっきからずーっとイチャついてんだから」

言われてみればたしかに、互いに腰に手を回したり、顔を近づけて見つめ合ったりと妖しい雰囲気を出している。ずいぶんと生々しい印象を受けるのは、彼らが老人だからだろうか。

その様子をフンと鼻で笑って、ジーサンが続ける。

「そういやアナタ、いくつ?」

「ちょうど40です」

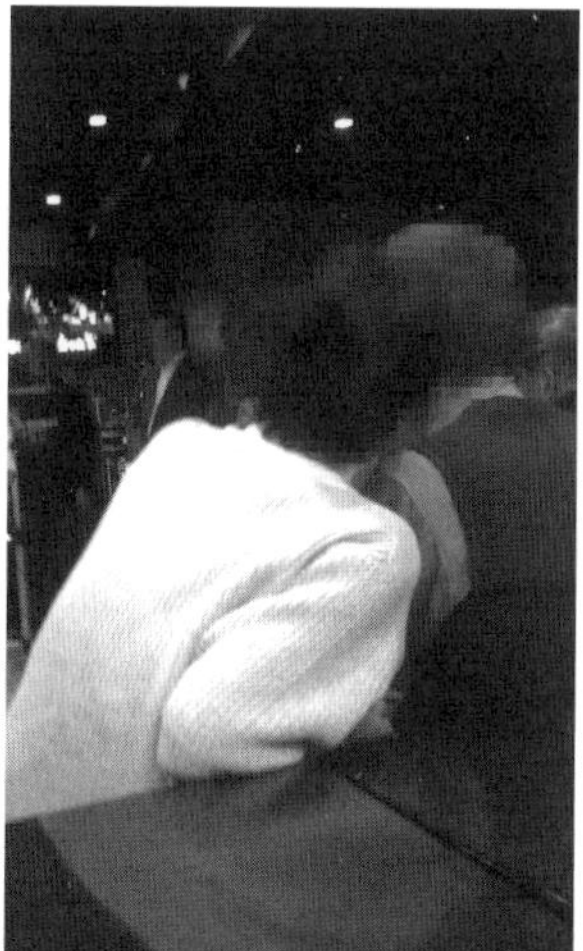

いまにも愛撫を始めそうな雰囲気のカップル

「若いねえ。じゃあ、今日はモテモテだな」

「僕がですか?」

「そうだよ。ここに来る女って若い男を好きなのが多いの。うらやましいなぁ」


えー年上いいんだぁ! やーん、本当に!?


やがてイベントスタッフがフロアに現れ、大声を張り上げた。

「みなさーん、そろそろ席替えしましょうか! これが本日最後の席替えでーす!」

席替えは、女性は動かず、男性だけがスライドする回転寿司方式ではなく、参加者がそれぞれ自分の行きたい席に移動していいらしい。大移動にともなって、会場が騒々しさに包まれた。

ならばとおれも、ややマシな50代熟女2人組のもとへ向かおうとしたのだが、すでに彼女たちの周囲はジーサンどもが占拠して、入り込むすき間がない。しかたなく、目についた席に腰を下ろすことに。

直後に話しかけてきたのは、隣に居合わせたショートカットのバーサンだ。

「あらオニーサン、はじめまして。若いねえ。歳いくつなの?」

「40です」

「いやーん若い！　えー何ソレ、すご～い。ねえねえ、年上の女性は好き？」

すごい食いつきだ。目をランランと輝かせ、無遠慮に顔を覗き込んでくる。

目鼻立ちの整った顔をしてるあたり、若いころはそれなりの美人だったのだろう。が、今の姿はというと、オシロイを塗った梅干しのようなシワくちゃっぷりで、とてもじゃないが性欲の対象にはなり得ない。歳もヨユーで70を超えているのでは？

「ええ、年上の女性もいいとは思いますよ」

「えー年上いいんだぁ！　やーん、本当に！？」

いつのまにか、ぴったりと体を密着させてきた。二の腕にムニムニと乳が押し付けられているのは、間違いなくワザとだろう。

「実際ね、若い男の人には年上の女が合うのよ。包容力があるから。ほら、ピコ太郎の奥さんも78才っていうじゃない？」

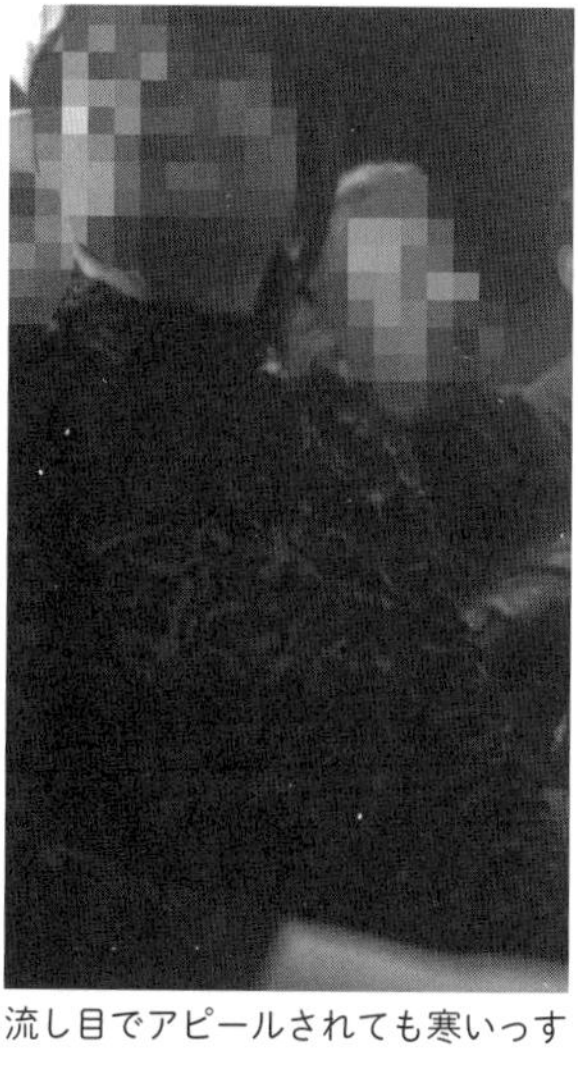

流し目でアピールされても寒いっす

そう言うや否や、上半身をくねらせ、「アイハブアペ～ン」と歌いだし、じっとりと流し目を送ってくる梅干しさん。何だか、いたたまれなくなってきた。ピコ太郎の嫁の話にしても単なるキャラ設定なのに、鵜呑みにしているところがまた痛い。

バーサンってこんなに欲情するものなのか？

梅干しさんがトイレに立ったタイミングで、彼女の向こう隣りに座っていたバーサンから声が飛んできた。

「オニーサンって未婚なの？　それとも離婚？」

見た目年齢65才。デブ体型で金髪ロングヘア、さらにブルドッグのように垂れ下がった頬と、これまた濃そうなキャラだ。

「僕は離婚ですね」

「あそう。私は死別なの。オトウチャンが死んで8年目よ」

ブルドッグさんは、自分の手を隣りのメガネのオッサン（50後半）のヒザに置き、スリスリさせながらおれに話しかけている。それだけのことなのに、ひどく下品な光景に見えるから不思議だ。

「オネーサンはこのイベントによく来るんですか？」

「今日で5、6回目かな。なかなかいい人に会えなくてねえ。でもオニーチャンはステキよぉ」

するとヒザをスリスリされているメガネ親父から抗議の声が。

「なんだよ、ひどいなー。俺がいるじゃ〜ん」

それを受けてブルドッグさん。

「やだぁ、ウソよ。んふふふ〜」

そして、おれの方をくるっと振り向くや、彼女は真っ赤な舌でいやらしく自分の唇を舐めてみせるのだった。冗談めかすことなく、ガチの真顔で。

いろんな意味で心臓がドキドキしてきた。バーサンって生き物は、こんなにもムキ出しに欲情するものなのか？　フツーにショッキングなんですけど。

梅干しさんがトイレから戻ってきてからも、ブルドッグさんの誘惑攻撃は終わらない。ふと怖いモノ見たさで彼女の方に視線を向ければ、そのたびにギラギラしたウインクが返ってくる。

ブルドッグさんも若い男には目がないようで

そうかと思えば、梅干しさんも「ピコ太郎の奥さんって78才なんですって。知ってる?」と、先ほどと同じ話を2度、3度と繰り返し、そのたびにきっちり、ねっとり気味の流し目でピコ太郎ダンスを披露してくる始末だ。

オマエら今からセックスするんだろ!

午後4時。主催者の号令によって、濃厚すぎるイベントはようやく幕を下ろした。が、お次は2次会がカラオケボックスで行われるようで、1次会参加者の半分以上が引き続き参戦するらしい。もちろん、おれもそのうちのひとりだ。

一方、2次会不参加組の中には、1次会でカップルになった男女が何組か含まれていた。なかにはイチャイチャと腕を組んで去っていくカップルもいて、他のジーサン連中にからかわれている。

「オマエら、いまからセックスするんだろ! 酔ってんだから、腹上死とか気をつけろよ! ぎゃははは」

どこまでも下品ですなあ。

そんなやり取りを眺めていた矢先、後ろから肩をたたかれた。梅干しさんとブルドッグさんだ。

「オニーさん、私たちもうカラオケはお腹いっぱいだから、自分たちで居酒屋に行こうと思ってるんだけど一緒にどう?」

一瞬、迷ったのち同意した。居酒屋には彼女たち2人の他にも、バーサン3人、ジーサン4人も加わるらしく、そのうちのひとりにちょっと良さげな60代女が混じっていたからだ。

ま、本来なら60代という時点で、良さげもへったくれもないのだが、若作りのファッションがスラリとした長身によく似合い、胸もEカップ大、おまけに顔もさほど老けてないのだからアリとしようではないか。残りのババアたちとは月とゾウリムシほどの差があるのだし。

カップル成立後はホテルに直行なんでしょうか

テーブルの下でチンコをツンツン

居酒屋では、こっちへおいでとしつこく手招きする梅干しさんとブルドッグさんを振り切り、彼女たちとは別テーブルに座るEカップさんの真横にまんまと陣取った。ふう。これでゆっくり口説きにかかれるってもんだ。

ビールを飲みがてら、ひとまず挨拶といこう。

「どうも、青木ヶ原といいます。1次会では話せませんでしたね」

「奥村（仮名）です。さっきから思ってたんだけど、ずいぶんお若いのね。いくつなの？」

「40です」

笑いながらEカップさんがうつむく。

「どうしたんですか？」

「いやいや、うちの長男と同い年だから、おかしくって。へえそうか、まだ40なんだ」

ニコニコしつつ、彼女が生ビールのジョッキを傾ける。それだけで一気に中身が半分も

邪魔者は向こうのテーブルへ

減ってしまった。相当イケる口のようだ。

「失礼ですけど奥村さんはいくつなんですか？」

「62だね」

「いま独り身なんですよね。ご主人はどうされたんです？」

「もう4年前なんだけど、ガンで他界しちゃったの」

彼女には息子が2人いるのだが、とっくに独立しており、ダンナさんが亡くなってからはずっと一人暮らしをしているという。シニア専門の出会いパーティへの参加は、知り合いの梅干しさんに誘われたのがキッカケで、今日はまだ2回目なんだそうな。

「前回はイイ出会いとかあったんですか」

「うーん、実はあんまり男の人とお話してなくて。ちょっと緊張してたから」

「なるほど…」

しばらくはこんな感じで世間話を交わしたものの、その間、特筆すべき動きは見られなかっ

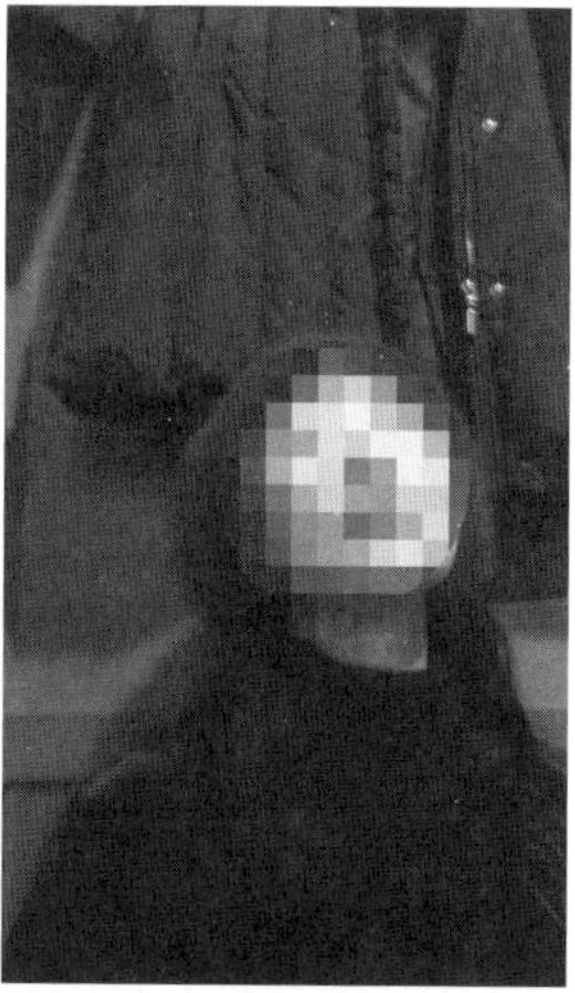
最初はそっけないEカップさんだったけど…

た。ブルドッグさんのようなグイグイ感がまったくないのだ。おれ自身に興味を持っていないように感じる。

しかし、彼女が4杯目か5杯目の焼酎お湯割りをお代わりしたあたりからだろうか。やたらとボディタッチが増えてきた。こちらも思い切ってテーブルの下で太ももをナデナデしてやったところ、なんと彼女もまたナデナデをやり返してくるではないか。

周囲に悟られぬよう、それとなく声に出して言ってみる。

「あれ、奥村さん、なんか良い感じですね」

ニタ〜ッと笑みがこぼれた。

「ふふふ、なんか酔っぱらって気が大きくなったみたい」

彼女の手が太もも

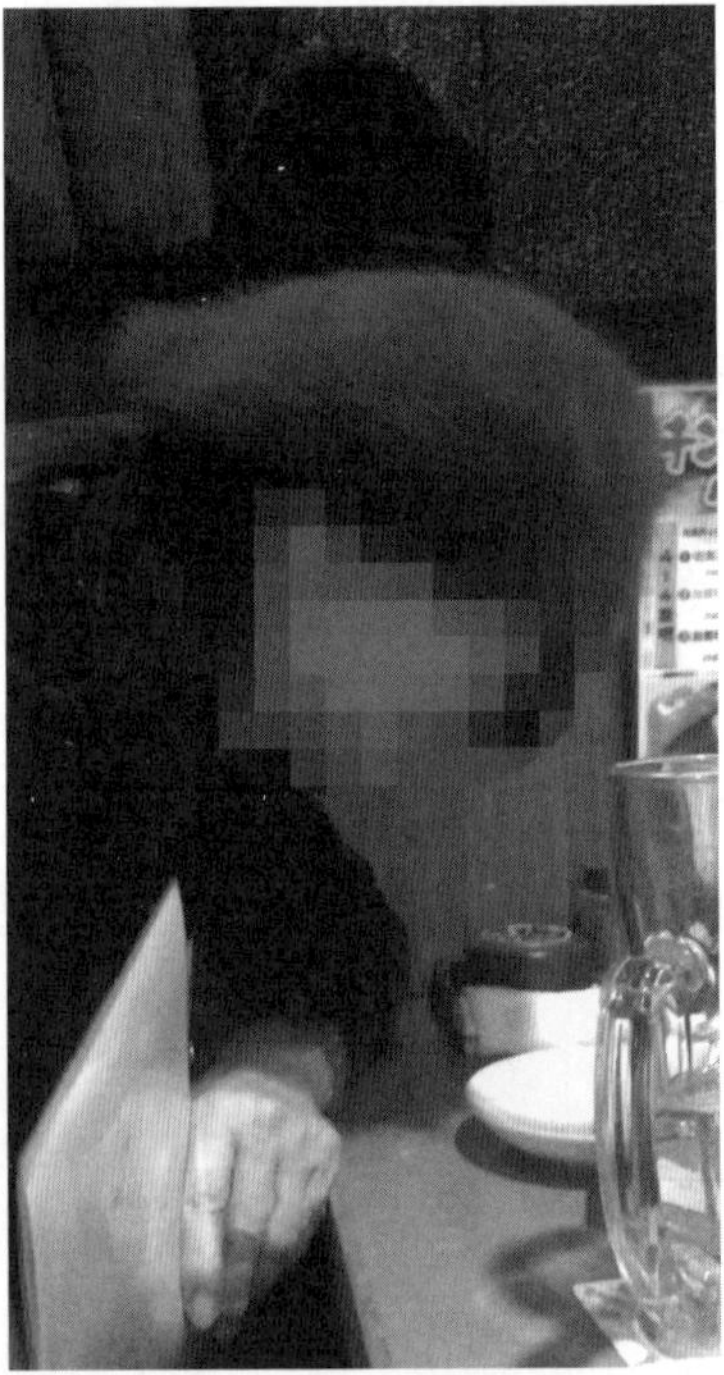

まさにチンコを触られてる瞬間！

から股間へゆっくりと移動し、ズボンの上からチンコをツンツンとつつき出した。おおっと大胆な。どうやら、他の連中に隠れてエロい悪戯をし合っている状況に興奮しているようだ。

やっぱりこの人、澄ました顔してても、根は他のバーサンたちと同じなんだな。

そうこうしている間にも、Eカップさんのチンコのいじり方はますます力強くなっていく。

彼女の耳に手を当て、おれはささやいた。

「居酒屋出たら、どこかでゆっくり休みませんか？」

返事をする代わりに、彼女は2回、うんうんと力強く頷いた。

★

結論から先に言おう。居酒屋を出てから、おれがEカップさんとホテルにしけこむことはなかった。

おそらくハイペースで酒を飲み過ぎたのがいけなかったのだろう。急に具合が悪くなったと言いだし顔面蒼白になって帰ってしまったのだ。いかにも体力のない、年寄りらしい結末ではある。

というわけでまとめといこう。彼女らが十分ストライクゾーンに入ってる人はぜひとも行くべし。そうでなければ回避が賢明かと。

鉄人文庫

「裏モノJAPAN」体験ルポ傑作選
本当にエロい女たち

2020年7月15日　第1刷発行

著者　「裏モノJAPAN」編集部編
発行者　稲村貴
編集人　平林和史
発行所　株式会社　鉄人社
〒102-0074
東京都千代田区九段南3－4－5 フタバ九段ビル4F
TEL 03-5214-5971　FAX 03-5214-5972
http://tetsujinsya.co.jp/
カバーイラスト　加藤裕將
本文デザイン　+iNNOVAT!ON
印刷・製本　新灯印刷株式会社

ISBN978-4-86537-193-2　C0176